松浦黨關係史料集　第三

凡例

一、本書「松浦黨關係史料集」は、肥前國松浦地方に土著繁榮した嵯峨源氏の子孫と稱する松浦黨に關する、平安時代以降の殘存史料を編年史料集として刊行するものである。

一、各史料の冒頭に一連番號を附し、文書名、出典を表示し、適宜頭注を附した。

一、檢討を要すると思われる文書には、文書名の下に△を附した。

一、無年號文書等で便宜合叙した文書には、文書名の下に※を附した。

一、本卷末には、補遺文書を收錄し、松浦黨關係年表を附した。

一、用字は原則として正字を用いたが、異體字を用いた箇所もある。變體假名は常用假名に改めた。

一、本文中に、讀點「、」、竝列點「・」を加えた。

一、史料の磨滅、蟲喰等により解讀不能の部分は、その狀態により□・□・［　］等で示し、改竄のある場合は、本文に改竄前の文字を示し、その左傍にミ印を附し、右傍に改竄後の文字を示し、補入文字のある場合は○印で補入箇所を示し、右傍行間に補入文字を記した。

一、原本の誤記、誤寫等により解讀不能の文字には、右傍に（マ、）と附し、字句の校訂注は

〔 〕で示し、その他の校訂注は（ ）で示した。

一、原本に花押のある場合は（花押）、案文、影寫、寫本等に花押のある場合は（花押影）、案文、寫本等に「御判」「在判」等と記されている場合はその文字を殘した。

一、文書が缺落している場合、前缺は「　、後缺は」で示した。

目次

六三一　觀應二年正月廿八日　一色直氏軍勢催促狀寫　○綾部文書……一
六三二　觀應二年二月廿八日　一色直氏軍勢催促狀　○松浦文書……一
六三三　貞和七年三月十一日　杉原光房施行狀　○武雄神社文書……二
六三四　觀應二年三月十五日　一色道猷充行狀　○中村令三郎氏所藏文書……二
六三五　(觀應二年)三月十七日　一色直氏擧狀　○松浦文書……三
六三六　觀應二年七月　日　松浦秀軍忠狀　○松浦文書……三
六三七　觀應二年九月十日　一色道猷感狀　○斑島文書……四
六三八　觀應二年十月三日　一色道猷感狀　○斑島文書……五
六三九　觀應二年十月三日　一色道猷充行狀　○有浦文書……五
六四〇　(觀應二年カ)十月十二日　吉弘一曇書狀　○有浦文書……六
六四一　觀應二年十月廿日　少貳賴尙問狀寫　○新編會津風土記七所收國分文書……六
六四二　觀應二年十月廿七日　相知秀軍忠狀　○松浦文書……七
六四三　觀應二年十月　日　波多披軍忠狀　○有浦文書……七
六四四　正平六年十一月一日　征西將軍宮令旨　○有浦文書……八
六四五　(觀應二年)十一月十八日　一色直氏書狀　○有浦文書……八
六四六　觀應二年十一月廿一日　松浦一族連署申狀　○有浦文書……九

六八五　(正平九年ヵ)五月九日　篤尚・披連署書状案　○青方文書……三四
六八六　正平九年七月十六日　源建請文案　○青方文書……三四
六八七　正平十年十一月　日　大河内松一丸軍忠状案　○大河内文書……三五
六八八　(崇德院御事)　○太平記……三六
六八九　(延文元年ヵ)八月一日　一色直氏書状　○斑島文書……三六
六九〇　延文元年九月三日　足利義詮御判御教書　○斑島文書……三七
六九一　延文元年十一月十四日　足利義詮御判御教書案　○伊萬里文書……三七
六九二　(延文二年)二月七日　兵庫助氏量書状　○斑島文書……三八
六九三　正平十二年四月廿九日　白魚政譲状案　○青方文書……三八
六九四　しやうへい十二年壬七月廿二日　白魚政等連署置文案　○青方文書……三九
六九五　しやうへい十二ねん壬七月廿六日　性蓮・本江經家連署避状案　○青方文書……四〇
六九六　正平十二年八月廿五日　五條良氏感状　○斑島文書……四一
六九七　延文三年二月九日　源時寄進状寫　○安藤文書……四一
六九八　(菊池合戰事)　○太平記……四二
六九九　延文四年卯月五日　島津道鑑譲状案　○島津家文書……四八
七〇〇　(延文五年)卯月九日　少貳冬資書状　○斑島文書……四九
七〇一　延文五年壬四月十三日　斑嶋行法譲状　○有浦文書……五〇
七〇二　斑嶋相傳系圖※　○有浦文書……五一
七〇三　(延文五年ヵ)七月十二日　宗經茂書状　○斑島文書……五二

七〇四 （延文五年カ）九月十四日 少貳頼尚書状寫 ○有浦文書……五二
七〇五 正平十五年九月廿八日 征西将軍宮令旨案 ○青木氏蒐集文書……五三
七〇六 卯月四日 豐前權守秀永書状寫※ ○妙音寺文書……五三
七〇七 （延文六年）二月六日 斯波氏經書状案 ○有浦文書……五四
七〇八 延文六年二月廿二日 足利義詮御判御教書案 ○有浦文書……五四
七〇九 延文六年四月廿六日 青方重相博状案 ○青方文書……五五
七一〇 延文六年四月廿六日 沙彌某等連署相博状案 ○青方文書……五六
七一一 正平十六年九月 日 深堀時勝軍忠状 ○深堀文書……五七
七一二 延文六年九月 日 龍造寺家平軍忠状 ○龍造寺文書……五八
七一三 （山名時氏攻落美作城附菊池軍事） ○太平記……五九
七一四 （新征西将軍宮大宰府御發向之事） ○北肥戰誌……六〇
七一五 （康安元年）十月十日 上總介某書状 ○斑島文書……六三
七一六 正平十六年十一月十四日 征西将軍宮令旨案 ○青方文書……六四
七一七 康安元年十一月廿二日 斯波氏經軍勢催促状 ○斑島文書……六四
七一八 康安二年二月十二日 斯波氏經軍勢催促状 ○斑島文書……六五
七一九 康安二年三月二日 斯波氏經感状 ○斑島文書……六五
七二〇 康安二年四月十一日 斯波氏經感状 ○斑島文書……六六
七二一 康安二年八月廿九日 斯波氏經預ケ状 ○斑島文書……六六
七二二 （菊池大友軍事） ○太平記……六六

八一八　永徳元年十月十五日　今川了俊書下寫　○斑島文書……一三五
八一九　永徳元年十月廿一日　今川了俊安堵状　○青方文書……一三五
八二〇　永徳元年十一月廿五日　宇久覺置文寫　○舊事聞書引用青方文書……一三六
八二一　永徳二年閏正月　日　青方重軍忠状　○青方文書……一三六
八二二　永徳貳年四月五日　今川了俊書下寫　○有浦文書……一三七
八二三　永徳貳年五月七日　今川仲秋施行状　○北九州市立歴史博物館所藏有浦文書……一三八
八二四　永徳貳年六月八日　長瀬泰貞遵行状　○斑島文書……一三八
八二五　永徳二年七月十六日　今川了俊書下　○有浦文書……一三九
八二六　(永徳二年カ)七月廿八日　某書状　○有浦文書……一三九
八二七　三月十九日　今川了俊書状※　○有浦文書……一四〇
八二八　永徳二年十月九日　今川了俊書下寫　○有浦文書……一四一
八二九　永徳貳年十二月十一日　今川了俊書下案　○有浦文書……一四一
八三〇　永徳三年二月廿五日　沙彌連覺・尼祚聖連署譲状　○有浦文書……一四二
八三一　永徳三年卯月八日　今川仲秋施行状　○高城寺文書……一四三
八三二　永徳三　七月一日　佐志學・留連署書状　○有浦文書……一四三
八三三　永徳三年七月十三日　續等連署押書状案　○青方文書……一四四
八三四　永徳三年七月十三日　宇久覺等連署押書状案　○青方文書……一四四
八三五　永徳三年十月廿六日　青方重譲状案　○青方文書……一四五
八三六　永徳三年十二月十四日　今川仲秋預ケ状　○山代文書……一四七

八三七 (年月日闕) 肥前國安富莊關係文書案斷簡 ○青方文書……一四七
八三八 □□二年十月廿二日 心佛置文案※ ○青方文書……一四八
八三九 (年月日闕) 斷簡文書案※ ○青方文書……一四九
八四〇 (年月日闕) 斷簡文書案※ ○青方文書……一五一
八四一 (年月日闕) 斷簡文書案※ ○青方文書……一五一
八四二 永德四年二月廿三日 下松浦住人等一揆契諸狀 ○山代文書……一五二
八四三 永德四年二月廿三日 下松浦住人等一揆契諸狀案 ○青方文書……一五六
八四四 弘和四年七月四日 葉室親善申狀寫△ ○菊池古文書……一六〇
八四五 弘和四年七月日 菊池武朝申狀寫△ ○菊池古文書……一六一
八四六 至德元年八月廿一日 今川了俊書下 ○河上神社文書……一六四
八四七 至德元年八月廿一日 今川了俊書下 ○河上神社文書……一六四
八四八 しとく二ねん五月三日 禪源等連署裁決狀案 ○青方文書……一六五
八四九 至德二年九月廿八日 足利義滿御判御教書 ○酒見文書……一六六
八五〇 至德三年八月廿二日 白魚糺讓狀案 ○青方文書……一六六
八五一 至德四年十月十日 今川了俊施行狀 ○斑島文書……一六七
八五二 (年月日闕) 肥前國安富莊河嶋鄉坪付案※ ○青方文書……一六八
八五三 かきやう二年卯月十三日 某沽却狀案 ○青方文書……一六九
八五四 嘉慶二年六月一日 下松浦住人等一揆契諸狀案 ○青方文書……一六九
八五五 かきやう三年二月廿九日 青方淨覺讓狀案 ○青方文書……一七三

八五六 かきやう三年八月廿三日 沙彌宗正讓狀寫 ○吉永文書……一七四
八五七 康應元年六月晦日 今川貞臣遵行狀 ○斑島文書……一七四
八五八 六月廿日 權律師定怡書狀※ ○有浦文書……一七五
八五九 七月廿五日 今川仲秋書狀寫※ ○斑島文書……一七六
八六〇 五月廿八日 今川仲秋書狀※ ○有浦文書……一七七
八六一 かうおう二ねん正月廿三日 青方淨覺讓狀案 ○青方文書……一七八
八六二 かうおう二ねん正月廿三日 青方淨覺讓狀案 ○青方文書……一七九
八六三 明德元年正月吉〔日脱〕 源延寄進狀寫 ○宛陵寺文書……一八〇
八六四 明とく二年卯月二日 松浦定寄進狀寫 ○早田文書……一八〇
八六五 明德二年十二月十五日 立金・慈性連署注文案 ○伊萬里文書……一八一
八六六 明德三 六月廿二日 番立結番注文案 ○青方文書……一八三
八六七 明德三年七月五日 下松浦住人等一揆契諸狀案 ○青方文書……一八四
八六八 明德四年正月五日 松浦定預ケ狀寫 ○早田文書……一八七
八六九 めいとく二ねん正月十一日 青方淨覺置文案 ○青方文書……一八八
八七〇 めいとく二ねん正月十一日 青方淨覺・青方固連署置文案 ○青方文書……一八九
八七一 めいとく二 正月十一日 青方淨覺・青方固連署讓文案 ○青方文書……一八九
八七二 (年月日闕) 青方淨覺・青方固連署讓狀案※ ○青方文書……一九〇
八七三 明德四年二月廿五日 沙彌宗清等連署請文案 ○青木氏蒐集文書……一九一
八七四 明德二年六月一日 源結相博狀案 ○青方文書……一九二

八七五　明徳二年八月十一日　僧妙融譲状　○醫王寺文書……一九二
八七六　めいとく二ねん九月廿四日　穏阿等連署置文案　○青方文書……一九三
八七七　明徳四年十月　日　波多祝後家源氏代定慶陳状案　○有浦文書……一九四
八七八　明徳四年十月　日　波多祝女子源氏代定慶陳状案　○有浦文書……一九五
八七九　明徳四年十一月　日　波多祝女子源氏代政申状案　○有浦文書……一九六
八八〇　明徳五年三月十八日　沙彌道金・佐志寺田茂連署請文　○有浦文書……一九七
八八一　めいとく五ねん六月卅日　某譲状案　○青方文書……一九八
八八二　めいとく五ねん十月□日　某借状案　○青方文書……一九九
八八三　明徳五年十二月二日　松浦定寄進状寫　○早田文書……二〇〇
八八四　二月十七日　齋藤明眞書状※　○島津家文書……二〇一

〔補遺〕
一　建武元年五月一日　後醍醐天皇綸旨　○後藤文書……二〇五
二　建武三年四月七日　某地頭職補任状案　○橘中村文書……二〇五
三　建武三年六月　日　龍造寺季利軍忠状　○龍造寺文書……二〇六
四　建武三年六月　日　龍造寺季利軍忠状　○龍造寺文書……二〇七
五　建武三年九月十日　詫磨親元軍忠状　○詫摩文書……二〇七
六　建武四年七月廿三日　高師直書下案　○前田家所藏文書……二〇八
七　建武四年九月五日　一色道猷充行状　○武雄鍋島文書……二〇九

八　建武四年十一月廿二日　一色道猷書下案　○武雄鍋島文書……二〇九
九　曆應元　八月十五日　光嚴上皇院宣案　○前田家所藏文書……二一〇
一〇　曆應元年九月　八日　掃部頭某施行狀案　○前田家所藏文書……二一〇
一一　（年月日闕）　伊萬里蓮法重陳狀案※　○大河內文書……二一一
一二　曆應三年五月十四日　伊萬里增請文案　○大河內文書……二一三
一三　曆應四年三月廿四日　沙彌某召文寫　○肥前小城藩士佐嘉差出古文書寫嬉野多志摩藏……二一三
一四　曆應四年六月　日　伊萬里增申狀案　○大河內文書……二一四
一五　（年月日闕）　大河內覺申狀案※　○大河內文書……二一五
一六　（年月日闕）　宇佐氏女陳狀案※　○大河內文書……二一七
一七　（年月日闕）　某讓狀案※　○大河內文書……二一八
一八　（年月日闕）　大河內村和與中分坪付案※　○大河內文書……二一八
一九　康永元年七月廿七日　藤原某書下案　○青木氏蒐集文書……二二一
二〇　康永元年九月　日　志賀賴房軍忠狀寫　○大友文書錄所收……二二一
二一　（康應元年）三月廿八日　今川了俊書狀寫　○京都大學文學部所藏古文書纂二十七所收……二二三
二二　二月十五日　まさる書狀※　○有浦文書……二二三
二三　二月廿一日　まさる書狀※　○有浦文書……二二四

松浦党関係年表……二二七

松浦黨關係史料集　第三

綾部幸依ニ軍勢催促ス
一色直氏松浦・大村ニ下著ス

六三一　一色直氏軍勢催促状寫　○綾部文書

直冬（足利）・頼尚（少貳）以下凶徒事、急速可退治之由、就被仰下、所令下著松浦（肥前國松浦郡）・大村（彼杵郡）也、不移時則（刻）可被馳參、仍執達如件、

觀應二年正月廿八日　　宮內少輔（一色直氏）

綾部新次郎（幸依）殿

鮎河信ニ軍勢催促ス
一色直氏松浦・大村ニ下著ス

六三二　一色直氏軍勢催促状　○松浦文書

直冬（足利）・頼尚（少貳）以下凶徒事、急速可退治之由、就被仰下、所令下著松浦（肥前國松浦郡）・大村（彼杵郡）也、不移時刻可被馳參、仍執達如件、

觀應二年二月廿八日　　　宮内少輔(一色直氏)（花押）

松浦鮎河六郎(信)二郎殿

六三三　杉原光房施行狀

○武雄神社文書

大河野彦三郎ヲシテ下地ヲ社家雜掌ニ沙汰付シム
吉田村

武雄社(肥前國杵島郡)御寄進地肥前國(小城郡)吉田村上方平町彦次郎兼谷跡田畠等事、任去正月廿八日御寄附之狀、後藤兵庫助相共莅彼所、被沙汰付下地於社家雜掌、可被執進請取之狀、依仰執達如件、

貞和七年三月十一日　　　散位(杉原光房)（花押）

松浦大河野彦三郎殿

六三四　一色道猷充行狀

○中村令三郎氏所藏文書

中村互ニ勳功賞ヲ充行フ
勢戸村

筑前國(糟屋郡)勢戸村有間彦八郎跡田地參拾町地頭職事、爲勳功之賞、所充行也、早守先例、可致沙汰、仍執達如件、

觀應二年三月十五日　　　沙彌(一色範氏・道猷)（花押）

松浦中村源（互）三郎殿

鮎河信恩賞ヲ求ム

六三五　一色直氏擧狀

○松浦文書

松浦鮎河六郎次郎〔信字有憚〕申恩賞事、（闕）問所注文進之候、可被經御沙汰候□（予）、恐々謹言、

（觀應二年）三月十七日　　　（一色）直氏（花押）

小笠原六郎殿

六三六　松浦秀軍忠狀

○松浦文書

相知秀各地ニテ軍忠ヲ抽ンヅ

（足利尊氏）（花押）

松浦相知治部左衞門尉秀謹言上、

欲早爲將來龜鏡、賜御判、傳弓箭面目於子孫間事、

福岡

右、去年十月廿八日令中國御共（供）、致夙夜奉公之忠、同十二月卅日自備州福岡（邑久郡）御入洛御共（供）仕、

三條川原

今年正月十五日合戰之時懸入最前、自三條川原（山城國）迄于法勝寺後、抽軍功御敵切落條、同所合

書寫
坂本・瀧野

兵庫
打出

湊川

戰之輩長岡九郎・三村出羽權守以下大略存知之間無其隱、隨而其夜二條京極御座、仍登京極面（西カ）惣門築地之上致警固、同十六日丹波御共（供）仕、自其播磨書寫（飾磨郡）・坂本幷瀧野（賀茂郡）御共（供）仕畢、將又兵庫（攝津國）入御、二月十七日打出（攝津國菟原郡）合戰之時、諸人雖御前引退、於秀者不奉離聊上方、賜御甲、令湊川之城御共（供）之段、爲御目前之間、何人相並可申子細哉、次同十九日夜皆人雖沒落、不去御前片時之條、淸撰御著到眼前也、隨而同廿六日自兵庫御共（供）、至于廿七日御京著御共（供）仕、于今在京之上者、預恩賞條無子細者歟、然早任實正賜御判、備末代龜鏡、彌爲致無二忠節、言上如件、

觀應二年七月　日

六三七　一色道猷感狀

○斑島文書

日高八郎ノ忠節ヲ京都ニ注進ス

直冬（足利）已下凶徒退治事、去年十月二日、打越長州以來迄于今、致忠節之條尤神妙、可注進京都也、仍執達如件、

觀應二年九月十日　沙彌（一色範氏・道猷）（花押）

日高八郎殿

日高八郎ノ忠節ヲ賞ス
床河
日田

六三八　一色道猷感狀

〇斑島文書

直冬(足利)以下凶徒退治事、就度々御教書發向之處、於筑後國床河(御井郡)致合戰、打越日田(豐後國日田郡)、于今抽忠節之條、尤神妙、可令注進也、仍執達如件、

觀應二年十月三日　沙彌(一色範氏・道猷)(花押)

日高八郎殿

佐志授ニ勳功賞ヲ充行フ
內野

六三九　一色道猷充行狀

〇有浦文書

筑前國內野(早良郡)田地貳拾町內野越中入道跡地頭職事、爲勳功之賞所充行也、早守先例可致沙汰、仍執達如件、

觀應二年十月三日　沙彌(一色範氏・道猷)(花押)

松浦鷹嶋(佐志授)中里菊壽殿

波多氏ノ合力ヲ謝シ今後ノ同心ヲ乞フ

六四〇　吉弘一雲書状

○有浦文書

今度若殿原たち御合力候て、御ほねおり給候、喜悦候、向後ハ連々申承度候、適此邊まて罷越て候へハ、入見參諸事申承度候、御同心候ハヽ、本望候、恐々謹言、

（觀應二年カ）十月十二日　（吉弘氏輔）一雲（花押）

波田〔多〕（披）殿

松浦正崎三郎苅田狼藉ヲナス
富永郷

六四一　少貳頼尚問狀寫

○新編會津風土記七所收國分文書

三池助太郎頼親代親資申筑前國富永（下座郡）郷內牛丸・成貞・六郎丸・久富四十〔ケ〕名事、松浦正崎三郎打入彼名々、致苅田狼藉云々、守護代相共莅彼所、相尋實否、載起請之詞、可被注申也、仍執達如件、

觀應二年十月廿日　（少貳頼尚）筑後守（花押影）

（政忠）住吉神主殿

○松浦文書

六四二　相知秀軍忠狀

相知秀各地ニテ軍忠ヲ抽ンヅ

（足利尊氏）（花押）

松浦（相知）治部左衛門尉秀申

右、去七月廿八日近江國石山（滋賀郡）御出御共（供）仕、同八月十八日重江州御下向之間、自鏡宿（蒲生郡）・武者（蒲生郡）寺・四十九院（犬上郡）・小野（坂田郡）・大覺寺（山城國葛野郡）・醍醐寺（宇治郡）・長峯（乙訓郡）御陣・八重山（犬上郡）御陣・新庄大御堂・千松原（犬上郡）漏山、至于十月十四日之御上洛、致夙夜奉公忠節之上者、下賜御判、爲備末代龜鏡、恐々言上如件、

觀應二年十月廿七日

○有浦文書

六四三　波多披軍忠狀

波多披床河合戰ニテ軍忠ヲ抽ンヅ

松浦波多源藏人源披申

筑後國床河（御井郡）合戰軍忠事、

右、去九月廿九日於床河陣、筑後守賴尚（少貳）以下凶徒等寄來間、致散々合戰、抽忠節、被自身

數ケ所疵訖、且勘文明鏡也、然早下賜御判、爲備于將來之龜鏡、言上如件、

觀應二年十月　日

進上　御奉行所

「承了、（花押）(一色範氏・道猷)」

○有浦文書

六四四　征西將軍宮令旨

征西將軍宮波多披ノ本領ヲ安堵ス

本領知行不可有相違、於安堵　綸旨(後村上天皇)者、任一同法、可有同時沙汰者、依　將軍宮(懷良親王)御氣色、執達如件、

正平六年十一月一日　勘解由次官(五條頼元)（花押）

松浦波多源(披)藏人殿

○有浦文書

六四五　一色直氏書狀

波多披ノ忠節ヲ賞ス
京都無爲

（端裏切封ウハ書）
「（墨引）
波多源藏人殿　直氏」

今度合戰ニ令被疵給候之由承候、御忠節之至殊目出候、其子細可令注進候、定可有御感候歟、京都無爲大慶候、恐々謹言、

（觀應二年）十一月十八日　（一色）直氏（花押）

（波多披）畑源藏人殿

六四六　松浦一族連署申狀

○有浦文書

松浦一族斑嶋納ノ所領等ノ安堵ヲ望ミ申ス
斑嶋
赤木村
岩門鄉中原
千栗嶋

松浦斑嶋源次納、就御教書令參上之上者、斑嶋（肥前國松浦郡）幷赤木村・筑前國岩門（那珂郡）鄉中原及新恩之地・肥前國佐嘉郡內千栗嶋以下所領等、可被經安堵御沙汰由、一族等望申候、以此旨可有御披露候、恐惶謹言、

觀應二年十一月廿一日（次第不同）

源至（裏花押）
源傳（裏花押）
源重（裏花押）

山代氏

佐志氏

峯氏

佐志氏

源壹（裏花押）
源弘（山代）（裏花押）
源持（佐志）（裏花押）
源定（峯）（裏花押）
源重（裏花押）
丹後守清（源）（裏花押）
源湛（佐志）（裏花押）

六四七　龍造寺家平軍忠狀

○龍造寺文書

上松浦一族一色道猷ニ與同ス

肥前國龍造寺又四郎家平申軍忠事、

右、去九月九日肥前國御發向之間、令御共、抽忠節、同廿九日、於筑後國河比（北）（御井郡）庄、一色入道々祐（猷）・同少輔孫太郎入道々勝・同兵部少輔師光・日田若狹權守・草野豊前權守・上松浦一族已下凶徒誅伐時、▨（家）平致散々防戰之、同所合戰之間、宗刑部丞（經茂）見知訖、此上者預御證判、爲備後代龜鏡、恐々言上如件、

觀應二季十一月　日

「承了、（花押）（少貳頼尚）」

六四八　一色範光感狀寫

○松浦文書

松浦黨一色道猷ニ與同シ小城ニ發向ス

爲凶徒退治、松浦黨已下發向肥前國小城（小城郡）、討死被疵之由、千葉次郎胤泰所注進申也、軍忠尤神妙、可有恩賞、仍如件、

觀應二年十二月廿日　（花押影）（一色範光）

松浦左衞門尉殿

白石彌次郎入道殿

六四九　一色道猷感狀

○南里文書

下松浦一族足利直冬ニ與同シ小城ニ寄來ル

直冬（足利）以下凶徒退治事、下松浦一族等寄來肥前國小城（小城郡）之時、抽忠節之由、千葉次郎胤泰所注進申候也、軍忠尤神妙、可有恩賞、仍執達如件、

觀應二年十二月廿日　　沙彌（一色範氏・道猷）（花押）

今村孫（利廣）三郎殿

六五〇　今村利廣軍忠狀※

○南里文書

下松浦一族等足利直冬ニ與同シ晴氣山ニ陣ヲ取ル

□（肥）前國御家人今村孫三郎利廣申軍忠事、

□□（右、利カ）廣自最初爲御方致軍忠之上、今年八月晴氣山（肥前國小城郡）仁下松浦以下御敵等取陣之刻、御合戰每度抽軍忠了、今月十五日於一□河原・吉田河原（神崎郡）當御城水手以下所々致合戰、至于同廿五日日猥（隈カ）（神崎郡）御陣、同廿九日□（神カ）崎御出之時、御共（供）仕候了、此等次第御中人〳〵悉見知之上者、給御證判、欲備龜鏡、仍言上如件、

觀應二年□月三日

「承了、（花押）」

六五一　足利直冬書下

○田村文書

松浦小豆彌五郎等筥崎宮領壹岐嶋瀬戸村・相原村ニ押妨狼藉ス

（筑前國糟屋郡）八幡筥崎宮司雜掌申神領壹岐嶋瀬戸（壹岐郡）・相原兩村事、松浦小豆彌五郎・大嶋三郎左衛門尉・町田平三以下輩致押妨狼藉云々、爲事實者、太招其咎歟、所詮、嚴密退濫妨人等、可沙汰付下地於雜事、更不可有緩怠儀之狀如件、

觀應二年十二月廿一日　（足利直冬）（花押）

松浦志佐左（有）近將監殿

六五二　足利直冬充行狀案

○伊萬里文書

武末授ニ勳功賞ヲ充行フ早良・河內・會加部鄕高來郡

下　松浦武末九郎兵衛尉授

可令早領知筑前國早良（早良郡）・河內・會加部鄕拾貳町出羽四郎入道跡・肥前國高來郡內志毛三郎跡（脱アルカ）參地頭職事、

右、以人、爲勳功之賞所充行也、早守先例、可致沙汰之狀如件、

觀應二年十二月廿五日

（足利直冬）源朝臣（花押影）

西原鬼熊丸ニ勳功賞ヲ充行フ

三奈木荘

神崎荘

六五三　足利直冬充行狀寫

○肥前佐賀文書纂所收山代文書

下　松浦西原鬼熊丸

可令早領知筑前國三奈木(下座郡)庄內拾町多比良彌六左衛門尉跡・壹岐嶋吉永源次郎入道女子・鳥海次郎左衛門尉妻女跡壹町五段・屋敷一所・肥前國神崎(神崎郡)庄上八鄉內參町奈良田窪左衛門入道跡地頭職事、

右、爲勳功之賞肥前國養父郡牛原村半分替所充行也、早守先例、可令領掌之狀如件、

觀應二年十二月廿五日

源朝臣(足利直冬)(花押影)

相知正ニ勳功賞ヲ充行フ

伊佐早荘

晴氣荘

六五四　足利直冬充行狀寫

○松浦文書類六所收

下　松浦相知築地孫十郎正

可令早領知肥前國伊佐早(高來郡)庄內福田村拾町立石孫三郎跡・同國松浦(松浦郡)神田吉丸六郎跡五町・同國晴氣(小城郡)庄內垂井村壹町・納所又三郎跡地頭職事、

右、以西多久小次郎・納所三郎跡替、爲勳功之賞所充行也、早守先例、可令領掌狀如件、

觀應二年十二月廿五日

源朝臣（足利直冬）（花押影）

六五五　足利直冬充行狀

○來島文書

大嶋聞ニ勳功賞ヲ充行フ　伊佐早莊　河北莊　壹岐嶋伊佐布志郷　物江郷　三奈木莊

下　松浦大嶋小次郎聞

可令早領知肥前國高來（高來郡）伊佐早庄内宇岐古里加野津三郎入道女子跡貳拾五町・筑後國河北（御井郡）庄内壇孫三郎跡拾町・壹岐嶋（壹岐郡）伊佐布志郷内大河野孫三郎入道跡畠地五ケ所・同嶋下野源六跡壹町・同嶋内野左衞門五郎跡壹町・同嶋伊佐布志郷内賀世井田七郎跡參段・同嶋物江（石田郡）郷内三郎左衞門入道女子跡貳段・筑前國（下座郡）三奈木庄内小田孫七跡參町・同庄松尾四郎跡參町・同庄伊美兵衞四郎跡拾町・同庄豐後佐伯左衞門尉跡五町・同國淀河下野源六跡參町地頭職事、

右、爲勳功之（賞脱）壹岐嶋長嶋次郎跡・筑前國山田又三郎跡之替所充行也、早守先例、可令領掌之狀如件、

觀應二年十二月廿五日

源朝臣（足利直冬）（花押）

六五六　一色道猷軍勢催促狀案　○青方文書

青方人々ニ吉野合體ヲ施行ス

（端裏書）「青方人々御中　道猷」

打越小城（肥前國小城郡）候子細見立申候了、抑吉野合體事、去月六日・八日兩通御教書等到來候之間、令施行了、急速御越候者、悅存候、已自京都被下大勢候云々、就是非忩々可打立候、不移時御越候者、恐悅爲存候、恐々謹言、

（觀應二年）十二月廿九日　道猷（一色範氏）（花押影）

青方人々御中

六五七　足利尊氏充行狀　○松浦文書

相知秀ニ勳功賞トシテ相模

（足利尊氏）（袖判）

下　松浦治部左衞門尉秀（相知）

國愛甲莊內上
椙能憲跡地頭
職ヲ充行フ

可令早領知相模國愛甲庄(愛甲郡)內上椙兵部小(少)輔(能憲)跡地頭職事、

右、爲勳功賞、所充行也者、守先例可致沙汰之狀如件、

正平七年正月廿日

六五八　一色道猷書狀寫

○大友家文書錄所收

下松浦勢晴氣
山ニ打出ス

賴尚(少貳)已明日廿五立宰府(筑前國御笠郡)、寄來于當陣小城(肥前國小城郡)由、自方々馳申候、是の躰下松浦・後藤・橘家以下晴氣(小城郡)山可打出候由合圖候ハヽ、御方にハ千葉次郎(胤泰)・高木仁等少々在陣之外者、曾無其勢候、隨而横大路・國分以下、近所御敵等も已可打立躰候、適爲御使下向候上者、大友殿以下其邊人々を御催促候て、不移時刻令打越給候者、公私大慶候、尚々及遲々者可爲難儀候、恐々謹言、

正月廿四日(觀應三年カ)　道獻(一色範氏)(猷)在判

豐前六郎(田原貞廣)藏人殿

伊東祐武ニ五島內日島浦ノ代トシテ西浦・宇良等地頭職ヲ充行フ

六五九　足利直冬充行狀寫△

○伊東文書

下　伊東大和守祐武

可令早領知肥前國西浦(杵島郡)三十町西浦彦五郎跡・同國宇良(松浦郡)三十町宇良四郎太郎跡地頭職事、

右、爲同國五島內日島浦(松浦郡)代所充行也者、守先例可致沙汰之狀如件、

觀應三年二月一日　源朝臣(足利直冬)御直判

今福浦五社ニ物部荘內田地五段ヲ寄進ス

六六〇　松浦清寄進狀寫

○早田文書

奉寄進

今福浦(肥前國松浦郡)五社神御寶前

壹岐島內物部(石田郡)庄內田地伍段

右、志趣者、爲　天下泰平、壽命長遠、子孫繁昌、所領圓滿、所令寄附之狀如件、

觀應三年二月九日

丹後守源清(松浦)(花押影)

六六一　一色直氏書狀

○有浦文書

波多祝ニ關東合戰勝利ヲ報ズ

「（端裏切封ウハ書）（墨引）
波多新藏人殿　直氏」

關東合戰御討勝給之由、自方々馳申候之上、使者近近（衍カ）日可到來候、天下大慶目出候、此間久不承候、無心本候、其子細承可申候、恐々謹言、

二月十八日（正平七年）　直氏（一色）（花押）

波多新藏人殿（祝）

六六二　一色道猷感狀

○斑島文書

斑嶋納ノ足利直冬退治ノ忠節ヲ賞ス

直冬（足利）・頼尚（少貳）以下凶徒退治事、就度々御教書（足利尊氏）發向之處、去年九月廿九日於筑後國床河（御井郡）致合戰、代官兵衞尉幷郎從被疵之條、忠節尤神妙、仍執達如件、

正平七年三月五日　沙彌（一色範氏・道猷）（花押）

松浦斑《納》嶋源次殿

六六三　沙彌蓮迎寄進狀寫

○妙音寺文書

妙音寺ニ重代相傳ノ私領ヲ寄進ス

松浦西鄕相知村

奉寄進

所（松浦郡）妙音寺住持湛然和尚

在肥前國松浦西鄕相知村記太夫入道作畑之新開田地除本田佛性（聖）田一段外之事、

右、件田地者、蓮迎重代相傳之私領也、然間去元德之比、令沽却蓮喜禪門畢、聊依有境相論、雖經沙汰、於向後者、停止彼沙汰、爲親父蓮性禪門出離生死、證大菩提并蓮迎二世之悉地成就圓滿、限永代奉寄進湛然和尚者也、若於有彼寄進田地作違亂煩、子孫等被處不孝罪科、於蓮迎所領、雖爲段步不可令知行、仍寄進之狀如件、

觀應三壬辰年三月十八日　　沙彌蓮迎

裏書

次第不同

後證ノタメ一揆連署ヲ加フ

爲後證加一揆

相知彥太郎源　省

連署、封裏所也、

觀應三年卯月八日

相知梶山ノ源　照

く□□の小次郎源　披

きしまの入道沙彌圓心

きし山の二郎源　知

はたノ又三郎源　至

きしまの源藏源　紀

源　强

六六四　沙彌蓮迎寄進狀寫

○妙音寺文書

妙音寺ニ重代相傳ノ私領ヲ寄進ス

松浦西鄕相知村

奉寄進

所(松浦郡)妙音寺住持湛然和尚

在肥前國松浦西鄕相知村內田地・田中本屋敷地四段・田畑地・自水屛河路峰除波須波田外築地後家御前境マテ事、

右、件田畑者、蓮迎重代相傳之私領也、然間爲祈蓮迎二世、悉地成就圓滿、出離生死、證

大菩提未來際、奉寄進湛然和尚云々、若於作彼田畠違亂子孫等出來者、爲父祖敵對之仁、可被申行罪科也、仍寄進之狀如件、

觀應三年壬辰三月十八日

沙彌蓮迎

相知彦太郎源　省

相知梶山ノ源　照

く□□の小次郎源　披

きしまの入道沙彌圓心

きし山の二郎源　知

はたノ又三郎源　至

きしまの源藏源　糺

とくすへの通　高

松浦人々ノ軍忠ヲ賞ス

六六五　一色道猷感狀案※

（一色範氏・道猷）（裏花押影）

○青方文書

度々軍忠今に不始事にて候へとも、今度高名殊ニ神妙感思候也、

六月四日　□□□

松浦人々中

○來島文書

六六六　一色道猷感状案※

松浦人々ノ軍忠ヲ賞ス

（裏花押影）（一色範氏・道猷）

校正了

度々軍忠今に不始事にて候へとも、今度高名殊ニ神妙感思候也、

六月四日　御判

松浦人々中

六六七　足利尊氏感状

○松浦文書

相知秀金井原合戰ニテ討死ス

（花押）（足利尊氏）

去月廿日武藏國金井原（多摩郡）合戰之時、父治部左衛門尉（相知秀）討死云々、尤以神妙也、可抽賞之状如件、

觀應三年三月廿日

松浦太郎殿

六六八　足利義詮感狀寫　○伊萬里文書

松浦尙ノ京都合戰・江州供奉ノ戰功ヲ賞ス

去潤(閏)二月廿日京都合戰幷江州供奉之條、尤以神妙、彌可抽戰功之狀如件、

(足利義詮)(花押影)

觀應三年五月八日

松浦(尙)三郎左衞門尉殿

六六九　足利尊氏充行狀　○松浦文書

海老名四郎左衞門入道ヲシテ相知秀拜領ノ地ヲ打渡サシム

松浦治部左衞門尉(相知秀)拜領之地、相模國愛甲(愛甲郡)庄内上相(能憲)兵部少輔跡事、可被打渡候也、

(足利尊氏)(花押)

(觀應三年)五月九日

海老名四郎左衞門入道殿

一色道猷ヲシテ相知秀ノ子息ニ恩賞地ヲ計沙汰セシム

六七〇　足利尊氏御教書

○松浦文書

松浦治部左衛門尉秀(相知)事、武藏國金井原(多摩郡)合戰之時、討死訖、子息幼稚之間、不及參洛云々、
恩賞事、以便宜之地、可被致計沙汰候也、

六月八日(觀應三年)　(花押)(足利尊氏)

一色入道殿(範氏・道猷)

伊東祐武ニ五島内日島浦ノ代トシテ西浦・宇良等地頭職ヲ充行フ

六七一　足利直冬充行狀寫△

○士林證文所收伊東文書

下　伊東大和守祐武

可令早領知肥前國西浦(杵島郡)參拾町西浦彥五郎跡・同國宇良(松浦郡)參拾町宇良四郎太郎跡地頭職事、

右、爲同國五嶋內日嶋(松浦郡)內日嶋浦代所充行也者、守先例可致沙汰之狀如件、

觀應三年六月廿九日

御判(足利直冬)

六七二　松浦清寄進狀寫　○早田文書

屋夫佐社ニ三重屋莊內田地壹段ヲ寄進ス

奉寄進

屋夫佐御寶前肥前國三重(佐嘉郡)庄(屋脱カ)內田地壹段、

右、志者、爲　天下泰平、壽命長遠、子孫繁昌、所奉寄附如件、

觀應三年八月二日　　丹後守源清(松浦)(花押影)

六七三　松浦清寄進狀寫　○早田文書

早馬社ニ三重屋莊內田地壹段ヲ寄進ス

奉寄進

早馬御前御寶前肥前國○二(三カ)重(佐嘉郡)屋(庄脱カ)內田地壹段坪付在之、

右、志者、爲　天下泰平、壽命長遠、子孫繁昌、心中所願成就圓滿、所奉寄附如件、

觀應三年八月二日　　丹後守源清(松浦)(花押影)

六七四　松浦持寄進狀寫

○早田文書

今福浦年宮社ニ小城郡內田地壹段ヲ寄進ス

（端裏書）「としの御せ」

奉寄進　今福浦（肥前國松浦郡）年宮御寶前

肥前國　小城郡內田地壹段

右、志趣者、爲天下泰平、壽命長遠、子孫繁昌、所奉寄附之狀如件、

觀應三年八月四日

出雲守源持（松浦）（花押影）

六七五　松浦持寄進狀寫

○早田文書

今福浦波山社ニ小城郡內田地壹段ヲ寄進ス

（端裏書）「はやま」

奉寄進　今福浦（肥前國松浦郡）波山神御寶前

肥前國　小城郡內田地壹段

右、志趣者、爲天下泰平、壽命長遠、子孫繁昌、所奉寄附之狀如件、

觀應三年八月四日

出雲守源持（松浦）（花押影）

六七六　足利直冬書下

○田村文書

少貳頼尙ヲシテ松浦宗幸ノ違亂ヲ止メシム
神領興行令

八幡筥崎宮(筑前國糟屋郡)雜掌申筑前國鳥飼村(早良郡)田地參町事、解狀具書如此、松浦丹後又次郎庶子宗幸法師號恩賞押妨云々、太不可然、所詮、彼地爲一圓神領之條、正和元年十二月廿七日社家興行之下知狀炳焉之間、所被返付社家也、早莅彼所、止宗幸之違亂、可打渡下地於雜掌之狀如件、

觀應三年九月十日　　(足利直冬)(花押)

筑後守(少貳頼尙)殿

六七七　大嶋聞打渡狀

○有浦文書

隈小次郎ノ違亂ヲ退ケ斑嶋行法代官ニ打渡ス

如去十九日御書下者、斑嶋源次入道行(納)法就被捧誓諾、傍例安堵訖、随而同源(渟)六跡于今沙汰最中之處、隈小次郎成違亂云々、仍任御書下之旨、退隈小次郎、打渡行法代官候畢、以此旨可有御披露候、恐々謹言、

観應三年九月廿四日　源聞（大嶋）（花押）

謹上　御奉行所

六七八　一色道猷充行状

○斑島文書

斑嶋行法ニ天草志岐浦地頭職ヲ勲功賞トシテ充行フ

肥後國天草（天草郡）志岐浦武藤大和權守跡地頭職事、爲勲功之賞所充行也、早守先例可致沙汰、仍執達如件、

觀應三年十月一日　沙彌（一色範氏・道猷）（花押）

松浦斑嶋源次殿（納・行法）

六七九　松浦理契約狀案

○青方文書

青方氏トノ訴訟ヲ止メ御厨荘西浦目ノ所領ヲ中分ス

けいやく申候、

ひせんの國御厨（松浦郡）庄内にし浦目事、代々つかい申候といゑとも、うくの入（實）道殿そゑんニよて、あいたかひニ一大事を申たんし候うゑハ、年來のそせうおさしおきて、りやうはうちきや

比多尾
三日雄岳
續浦
濱浦
柏瀬戸
枕崎

うふんお別申候ところなり、さかいハ、ひんかしハひたを、ミなミ(ハ脱カ)かの御たけよりつきの浦の浦かしらぉはまの浦のうゑくひぉふミこゑて、にしハうミかしはのせとぉおきニとをして、きたまくらさき(ハ脱カ)、このうちのそしふんならひニしま〳〵ぉくわゑて、いかうあを方はうゑちきやうあるへく候、のこりふんハおさむ(松浦理)ちきやうすへく候、このさかひぉこゑて、あいたかひニいさゝかいきを申ましく候、よてこうせうのためニ状如件、

観應三年十月廿五日　　源(松浦)理(花押影)

○青方文書

六八〇　松浦理契約状案

青方氏トノ訴訟ヲ止メ御厨荘西浦目ノ所領ヲ中分ス

比多尾
三日雄岳
續浦
柏瀬戸
枕崎

けいやく申候、

ひせんのくにミくりや(松浦郡)の庄内にしうらへの事、□(た)い〳〵つかい申候といゑとも、うくの入(實)道殿そゑ□□(んニ)よて、あひたかいニ一大事ぉ申たんし候うへハ、ねんらいのそせうおさしをきて、りやうはう□(ち)きやうふんをわけ申候ところ也、さかいハ、ひかし□(ハカ)ひたを、みなミハミか□(の)をたけよりつきの浦の浦かしらぉはまか浦のうへくひぉふミこへ□(て)、にしハうみかしわのせとぉをきニとをして、○(きたハまくらさき、そしふんならひに)このうちの○しま〳〵をくわへて、いかうあをか

た殿方へちきや□〔う〕あるへく候、のこるふんハをさむ（松浦理）ちきやうすへく候、このさかいをこゐて、
あひたかいニいさゝか吴儀□〔を〕申ましく候、よてこうせうのためニ状如件、
観應二〔三カ〕年十月廿五日　源理（松浦）在判

嶋津師久ニ松浦荘内早湊村地頭職ヲ沙汰付ク

六八一　沙彌某施行状

○島津家文書

肥前國松浦（松浦郡）庄内早湊村地頭軄嶋津下野守忠茂跡事、任去年十一月二日御下文（足利尊氏）之旨、可被沙汰付
嶋津上總三郎師久之状、依仰執達如件、
文和元年十月廿六日　沙彌（花押）
右京權大夫（一色直氏）殿

松浦持ノ所領豊前國吉田村ヲ安堵セシム

六八二　足利義詮御教書

○田原文書

松浦十（持）郎左衞門尉所領豊前國吉田村（企救郡）事、無相違之様、可被加扶持候也、
二月十五日（文和二年カ）　（花押）（足利義詮）

田原豐前守(貞廣)殿

六八三　田原正曇讓狀

○入江文書

(端裏書)「正曇讓狀」

(外題)「一見了、(花押)(足利義詮)

文和三年九月廿四日」

松浦持ニ豐前國吉田村ヲ讓ル

波多方半分ハ本主降參ニヨリ去渡ス

讓与　所領等事、

一、豐前國苅田庄(京都郡)地頭職

一、豐後國光一松名(大分郡阿南莊)地頭職

一、同國大神(速見郡)・藤原兩庄幷田原別符(國東郡)內波多方名地頭職半分

右、所々者、正曇爲恩賞拜領當知行無相違、而嫡孫豐前德增丸(田原氏能)仁相副御下文・御施行・守護施行等、所讓与也、此外豐前國吉田村(企救郡)者、爲一紙御下文內雖拜領、被下　將軍家(足利尊氏)御書之間、避与松浦十郎左衞門尉持畢、於大神・藤原・波多方半分者、本主降參之間、任傍例去渡畢、彼替事、可充給之由、御沙汰最中也、被裁下者、同德增丸可令知行、凡正曇知行

（繼目裏正曇花押アリ）所領等事、先日悉讓渡德增丸之間、自餘子孫等不可有稀望（マヽ）之上、今年二月於筑前國針摺原（御笠郡）、貞廣以下子息氏貞等孫子多討死畢、眞幸・直尙等雖現存、或義絕之子細達上聞、或現不義之間、不親近、其外孫子等數輩雖在之、不及分讓、其故者、令分配面々者、分限尫（尫）弱而不可補御公事之間、嫡々德增丸一人仁所讓給也、然則全領掌、可專御公事、仍讓狀如件、

文和二年十一月六日　　沙彌（田原直貞）正曇（花押）

「（正曇自筆）せん日の狀ハ、しひつニかきあたへ了、
この狀たひつのうたかいあるへからす、

同日　　正曇（花押）」

「彼所々、被讓与嫡孫德增丸之子細、披見畢、爲後日、所望之間、所加判形也矣、

文和二年十一月八日　　（大友氏時）刑部大輔（花押）」

○有浦文書

六八四　足利尊氏充行狀案

（足利尊氏）將軍家
御判

波多披ニ勳功賞ヲ充行フ

下　松浦波多源藏人披《同前》
可令早領知肥前國松浦波多庶子等跡・同國下松浦伊萬里三郎等跡事、
右、爲勳功之賞、所充行也者、守先例可致沙汰之狀如件、
文和二年十二月廿五日

六八五　篤尙・披連署書狀案

○青方文書

青方重等船粮米等ヲ抑留サルルニヨリ一揆シテ訴フ

神崎氏

松浦青方次郎四郎重（繁）・同神崎彌三郎能（義）申押留乘船・粮米已下雜物由事、訴狀如此、早可被明仰之由、一揆所候也、恐々謹言、
（正平九年カ）五月九日
篤尙（花押影）
披　（花押影）
伊萬里又次郎（建カ）殿

伊萬里氏

六八六　源建請文案

○青方文書

青方重等ノ訴訟ハ不實ノ旨陳ズ
神崎氏

□□□(青方次カ)郎四郎重(繁)幷神崎彌□□(三郎カ)能(義)申抑留乗船・粮米由事、去月十四日御書下雖到來、不付本解狀候之間、不存知□趣候、所詮、以何故可令抑留船・粮米哉、無跡形不實候、□□(爲員カ)外非分訴訟之條、爲向後可被處奸訴之咎候乎、恐々謹言、

正平九年七月十六日　　源建(伊萬里カ)（花押影）

○大河内文書

六八七　大河内松一丸軍忠狀案

大河内宥軍忠ヲ抽ンヅ

博多津

一見了(五條良氏)
（花押影）

松浦大河内松(宥)一丸申軍忠事、

右、去八月肥前御發向之時、最前馳參、同豐後・豐前兩國凶徒退治御下向之間、令御共(供)、自余輩雖數多歸國仕、迄博多津(筑前國那珂郡)、令堪忍上者、早下給御證判、備向後龜鏡、彌爲抽忠節、粗言上如件、

正平十年十一月　日

六八八

○太平記

松浦黨征西將軍宮方ニ順ヒ靡ク

○崇德院御事

今年ノ春、筑紫ノ探題ニテ將軍(足利尊氏)ヨリ被レ置タリケル一色左京大夫直氏・舍弟修理大夫範光ハ、菊池肥前守武光ニ打負テ京都ヘ被レ上ケレバ、小貳(少)(頼尚)・大友(氏時)・嶋津(貞久)・松浦・阿蘇(惟村)・草野ニ至ルマデ、皆宮方(懷良親王)ニ順ヒ靡キ、筑紫九國ノ内ニハ、只畠山治部大輔(眞顯)ガ日向ノ六笠(諸縣郡)ノ城ニ籠タル許ゾ、將軍方トテハ殘リケル、是ヲ無沙汰ニテ閣カバ、今將軍ノ逝去ニ力ヲ得テ、菊池如何樣都ヘ責上リヌト覺ル、是天下ノ一大事也、急デ打手ノ大將ヲ下サデハ叶マジトテ、故細川陸奥守顯氏子息、式部大夫繁氏ヲ伊豫守ニナシテ、九國ノ大將ニゾ下サレケル、

○後略

六八九　一色直氏書狀

○斑島文書

波多披ニ軍勢催促ス

(切封ウハ書)「松浦波多源藏人殿　　直氏」

京都御教書今月一日戌刻到來候間、則進候了、早々御打越候者、公私悅入候、日限事、重

可申候、其邊事者一向奉憑候、恐々謹言、

（延文元年カ）八月一日　　直（一色）氏（花押）

松浦波多源（披）藏人殿

上津浦左京亮ノ忠節ヲ賞ス

六九〇　足利義詮御判御教書

○斑島文書

自鎮西令同道長州、致忠節之由、一色右京大夫直氏所注申也、尤神妙、彌可抽戰功之狀如件、

延文元年九月三日　　（足利義詮）（花押）

上津浦左京亮殿

松浦三郎左衛門尉ノ忠節ヲ賞ス

六九一　足利義詮御判御教書案

○伊萬里文書

今度令供奉江州、致忠節之條、尤以神妙、彌可抽戰功之狀如件、

延文元年十一月十四日　　（足利義詮）（花押影）

松浦三郎左衛門尉殿

六九二　兵庫助氏量書狀　○斑島文書

波多披ヲ招ク
近日足利尊氏九州ニ下向スル旨ヲ傳フ

新春御慶賀自他申籠候了、幸甚々々、抑今度式無申量事候、面々御心中奉察候、將軍家(足利尊氏)近程可有　御下向之由、被成下御教書候之間、九州靜謐此時候、返々目出候、御教書案金吾(今川仲秋)御方へ寫進候、可有御披見候、過十五日候者、可有御立之由、方々より申下候、返〳〵目出候、兼又旅陣疲勞、殊更失爲方候、散々無申量候、少預御合力候者恐悦候、返〳〵いつもの事に候なから、殊更失計略候、被御覽繼候者悦存候、一向奉憑候、態人を進候、無相違候者恐悦候、委細使者可申候、恐々謹言、

(延文二年)二月七日　　兵庫助氏量(花押)

謹上　佐志源藏(波多披)人殿

六九三　白魚政讓狀案　○青方文書

五嶋西浦部佐尾・白魚所領等ヲ嫡子乙若丸ニ譲ル

ゆつりあたうちやくし(白魚)をとわか丸か所ニ、

ひせんのくに五嶋(松浦郡)にしうらへさを・しろ□□(い　をカ)以下浦々のてんはく・やしき・あみ・□□(し　ほカ)や、かいへんのちとうしきの事、

弘安恩賞地筑後國三潴荘是友名住吉為則跡

一、ちくこのくにミぬま(三潴郡)のしやうこれとも名すみよしのいや四らうためのりかあとのちとうしきの事、

女子一期分ハ除ク

右、件所々ハ、まさしちうたいさうてんのしりやうたるあひた、ちやくしをとわか丸ニ御けち・御くたしふミ・たい〳〵のてつき以下したいせうもんをあひそへて、ゆつりあたふるところ也、たゝしによしうふとうニ一こふんニゆつるところのほかハ、たんふものこさすちきやうセしむへし、よてしやうらいきけいのためニ、ゆつり狀如件、

正平十二年四月廿九日　源(白魚)政(花押影)

六九四　白魚政等連署置文案

○青方文書

筑後國三潴荘内弘安恩賞地得分ヲ性蓮房ニ進ズ

ちくこのくにミぬま(三潴郡)のしやうのうち、こうあんおんしやうのちしもたにたんミつゐ、おなしくはろたのうちいるへ殿のつくり三たん、したみにたん、こねんとりのとしよりたつの

としまて八ねんふんお、しやうれん（性蓮）の御房の御うちゐまいらセおき候、このねんきのうちに、へんかいのき候ハゝ、まさしかちきやうふんお一そくにめされ候へく候、よてこうセうのためにしやうくたんのことし、

しやうへい十二年壬七月廿二日

まさし（白魚政）

かなふ

六九五　性蓮・本江經家連署避狀案

○青方文書

筑後國三潴莊弘安恩賞地ヲ避渡ス

枝光氏

ちくこのくにミぬま（三潴郡）のしやうのうちしろいをのまこ（政カ）九ろうとのゝちきやうふんの事、せい上そう〳〵によて、申あつかり候といへとも、こうあんをんしやうのち、すつうの一そくあむとのはうしきによて、くはうよりあむとのうへハ、さりしやうくたんの事し（如）、

しやうへい十二ねん壬七月廿六日

しやうれん（花押影）

本江小太郎（枝光）つねい へ（花押影）

斑嶋納海賊五人ヲ討留ム

六九六　五條良氏感狀

○斑島文書

□〔海〕賊船寄來致合戰、自身□〔幷〕若黨以下被疵、海賊五人討留由事、注進狀披見畢、尤神妙、彌

廻籌策、可令退治候之狀如件、

正平十二年八月廿五日　　　　　　　（五條良氏）修理權大夫（花押）

斑嶋源〔納〕二入道殿

上松浦初鄉神田ノ內藤崎前田ヲ藤崎葛松山權現ニ寄進ス

六九七　源時寄進狀寫

○安藤文書

奉寄進田地之事、

藤崎葛松山權現宮之御所在□

（肥前國松浦郡）上松浦初鄉神田之內藤崎前田六丈一反事、

四至堺者、往古之作之儘也、

右、田地者、時重代相傳之私領也、然爲天長地久、御願圓滿、當村安穩、家門長久、子孫

〔繁脱カ〕昌、息災延命、造營田奉寄進所也、仍寄進狀如件、

延文三年戊戌二月九日　對馬守源時(花押影)

六九八

○太平記

○菊池合戰事

小〔少〕貳(頼尚)・大友(氏時)ハ、菊池(武光)ニ九國ヲ打順ラレテ、其成敗ニ隨事不レ安思ケレバ、細川伊豫守(繁氏)ノ下向ヲ待テ旗ヲ擧ント企ケルガ、伊豫守、崇德院ノ御靈ニ罰セラレテ、犬死シヌト聞ヘケレバ、力ヲ失テ機ヲ呈サズ、斯ル處ニ畠山治部太輔(直顯)ガ、未宮方ニハ隨ハデ楯籠タル六笠(日向國諸縣郡)ノ城ヲ責ントテ、菊池肥後守武光五千餘騎ニテ、十一月十七日(正平十三・延文三年)肥後國ヲ立テ日向國ヘゾ向ケル、道四日路ガ間、山ヲ超川ヲ渡テ、行先ハ嶮岨ニ跡ハ難所ニテゾ有ケル、小貳・大友、菊池ガ催促ニ應ジテ、豐後國中ニ打出テ勢沙ヲシケルガ、是コソヨキ時分ナリト思ケレバ、菊池ヲ日向國ヘ遣リ過シテ後、大友刑部太輔氏時、旗ヲ擧テ豐後ノ高崎(大分郡)ノ城ニ取上ル、宇都宮大和前司(隆房)ハ、河ヲ前ニシテ豐前ノ路ヲ塞ギ、肥前刑部太輔(田カ)ハ、山ヲ後ニ當テ筑後ノ道ヲゾ塞ギケル、菊池已ニ前後ノ大敵ニ取籠ラレテ何クヘカ可レ引、只籠ノ中ノ鳥、網代ノ

魚ノ如シト、哀マヌ人モ無リケリ、菊池此二十四年ガ間、筑後九國ノ者共ガ軍立手柄ノ程ヲ、敵ニ受ケ御方ニナシテ、能知透シタリケレバ、後ロニハ敵旗ヲ上道ヲ塞タリト聞ヘケレ共、更ニ事トモセズ、十一月十日ヨリ矢合シテ、畠山治部太輔ガ子息民部少輔(重隆)ガ籠タル三保(保)ノ城ヲ夜晝十七日ガ中ニ責落シテ、敵ヲ打コト三百人ニ及ベリ、畠山父子憑切タル三保(保)ノ城(諸縣郡)落サレテ、叶ハジトヤ思ヒケン、攻ノ城ニモタマラズ、引テ深山ノ奥ヘ逃籠リケレバ、菊池今ハ是マデゾトテ肥後國ヘ引返スニ、跡ヲ塞ギシ大敵共更ニ戰フ事ナケレバ、箭ノ一ヲモ不レ射已ガ館ヘゾ歸リケル、是マデハ未太宰小貳(頼尚)・阿蘇大宮司(惟村)、宮方ヲ背ク氣色無リケレバ、彼等ニ牒シ合セテ、菊池五千餘騎ヲ卒シテ大友ヲ退治セン爲ニ豊後國ヘ馳向フ、是時太宰小貳俄ニ心替シテ太宰府ニシテ旗ヲ擧ケレバ、阿蘇大宮司是ニ與シテ菊池ガ迹ヲ塞ガントテ、小國(阿蘇郡)ト云處ニ九箇所ノ城ヲ構テ、菊池ヲ一人モ打漏サジトゾ企ケル、菊池兵粮運送ノ路ヲ止ラレテ豊後ヘ寄ル事モ不レ叶、又太宰府ヘ向ハンズル事モ難儀也ケレバ、先我肥後國ヘ引返シテコソ、其用意ヲモ致サメトテ、菊池(菊池郡)ヘ引返シケルガ、阿蘇大宮司ガ構タル九箇所ノ城ヲ一々ニ責落シテ通ルニ、阿蘇大宮司憑切タル手者共三百餘人討レケレバ、敵ノ通路ヲ止ムルマデハ不レ寄レ思、我身ノ命ヲ希有ニシテコソ落行ケレ、

去程ニ七月(正平十四・延文四年)ニ征西將軍宮ヲ大將トシテ、新田ノ一族・菊池ノ一類、太宰府ヘ寄ト聞ヘシ

松浦黨佐志將監・田平左衛門藏人等少貳頼尚ノ配下トシテ戰フ

カバ、小貳ハ陣ヲ取テ敵ヲ待ントテ、大將太宰筑後守頼尚・子息筑後新小貳忠資・甥太宰筑後守頼泰・朝井但馬將監胤信・筑後新左衛門頼信・窪能登太郎泰助・肥後刑部太輔泰親・太宰出雲守頼光・山井三郎惟則・饗場左衛門藏人重高・同左衛門大夫行盛・相馬小太郎・木綿左近將監・西河兵庫助・草壁六郎・牛糞刑部大輔、松浦黨ニハ、佐志將監・田平左衛門藏人・千葉右京大夫・草野筑後守・子息肥後守・高木肥前守・綾部修理亮・藤木三郎・幡田次郎・高田筑前々司・三原秋月ノ一族・嶋津上總入道・澁谷播磨守・本間十郎・土屋三郎・松田彈正少弼・河尻肥後入道・託間三郎・鹿子木三郎、此等ヲ宗トノ侍トシテ都合其勢六萬餘騎、杜(御井郡)ノ渡ヲ前ニ當テ味坂(御井郡)庄ニ陣ヲ取ル、宮方ニハ、先帝第六ノ王子征西將軍宮、洞院權大納言・竹林院三位中將・春日中納言・花山院四位少將・土御門少將・坊城三位・葉室左衛門督・日野左少辨・高辻三位・九條大外記・子息主水頭、新田一族ニハ、岩松相摸守・瀨良田大膳大夫・田中彈正大弼・桃井左京亮・江田丹後守・山名因幡守・堀口三郎・里見十郎、侍大將ニハ、菊池肥後守武光・子息肥後次郎(武政)・甥肥前二郎武信・同孫三郎武明・赤星掃部助武貫・城(武顯)越前守・賀屋兵部太輔・見參岡三川守・庄美作守・國分二郎・故伯耆守長年ガ次男名和伯耆權守長秋・三男修理亮・宇都宮刑部丞・千葉刑部太輔・白石三川入道・鹿嶋刑部太輔・大村彈正少弼・太宰權小貳・宇都宮壹岐守・大野式部太輔

・派讃岐守・溝口丹後守・牛糞越前權守・波多野三郎・河野邊次郎・稲佐治部太輔・谷山右馬助・澁谷三河守・同修理亮・嶋津上總四郎・齊所兵庫助・高山民部太輔・伊藤攝津守・絹脇播磨守・土持十郎・合田筑前守、此等ヲ宗トノ兵トシテ、其勢都合八千餘騎、高良山（御井郡）・柳坂・水縄山（浮羽郡）三箇所ニ陣ヲゾ取タリケル、同七月十九日ニ、菊池ハ先已ガ手勢五千餘騎ニテ筑後河ヲ打渡リ、小貳ガ陣へ押寄ス、小貳如何思ケン不レ戰、三十餘町引退キ大原（御原郡）ニ陣ヲ取ル、菊池ツヾヒテ責ントシケルガ、アハヒニ深キ沼有テ細道一ツ有ケルヲ、三所堀切テ、細キ橋ヲ渡シタリケレバ、可レ渡様モ無リケリ、兩陣僅ニ隔テ旗ノ文鮮ニ見ユル程ニナレバ、菊池態小貳ヲ爲レ令レ恥、金銀ニテ月日ヲ打テ著タル旗ノ蟬本ニ、一紙ノ起請文ヲゾ押タリケル、此ハ去年太宰小貳、古浦城ニテ已ニ一色宮内太輔（道猷）ニ討レントセシヲ、菊池肥後守大勢ヲ以テ後攻ヲシテ、小貳ヲ助タリシカバ、小貳悦ビニ不レ堪、「今ヨリ後子孫七代ニ至マデ、菊池ノ人々ニ向テ弓ヲ引矢ヲ放事不レ可レ有」ト、熊野ノ牛王ノ裏ニ、血ヲシボリテ書タリシ起請ナレバ、今無レ情心替リシタル處ノウタテシサヲ、且ハ訴二天ニ一、且ハ爲レ令レ知二人ニ一也ケリ、八月十六日ノ夜半許ニ、菊池先夜討ニ馴タル兵ヲ三百人勝テ、山ヲ越水ヲ渡テ搦手へ廻ス、宗トノ兵七千餘騎ヲバ三手ニ分テ、筑後河ノ端ニ副テ、河音ニ紛レテ嶮岨へ廻リテ押寄ス、大手ノ寄手今ハ近付ント覺ケル程ニ、搦手ノ兵三

百人敵ノ陣ヘ入テ、三處ニ時ノ聲ヲ揚ゲ十方ニ走散テ、敵ノ陣々ヘ矢ヲ射懸テ、後ヘ廻テゾ罄タル、分内狹キ所ニ六萬餘騎ノ兵、沓ノ子ヲ打タル樣ニ役所ヲ作リ雙タレバ、時ノ聲ニ驚キ、何ヲ敵ト見分タル事モナク、此ニ寄合彼ニ懸合テ、呼叫追ツ返ツ同士打ヲスル事數剋也シカバ、小貳憑切タル兵三百餘人、同士打ニコソ討レケレ、敵陣騷亂テ、夜已ニ明ケレバ、一番ニ菊池二郎、件ノ起請ノ旗ヲ進メテ、千餘騎ニテカケ入、小貳ガ嫡子太宰新小貳忠資、五十餘騎ニテ戰ケルガ、父ガ起請ヤ子ニ負ケン、忠資忽ニ打負テ、引返々々戰ケルガ、敵ニ組レテ討レニケリ、是ヲ見テ朝井但馬將監胤信・筑後新左衞門・窪能登守・肥前刑部大輔、百餘騎ニテ取テ返シ、近付ク敵ニ引組々々差違テ死ケレバ、菊池孫次郎武明・同越後守・賀屋兵部大輔・見參岡三川守・庄美作守・宇都宮刑部丞・國分次郎以下宗トノ兵八十三人、一所ニテ皆討レニケリ、小貳ガ一陣ノ勢ハ、大將ノ新小貳討レテ引退ケレバ、菊池ガ前陣ノ兵、汗馬ヲ伏テ引ヘタリ、二番ニ菊池ガ甥肥前二郎武信・赤星掃部助武貫、千餘騎ニテ進メバ、小貳ガ次男太宰越後守頼泰、幷太宰出雲守、二萬餘騎ニテ相向フ、初ハ百騎宛出合テ戰ケルガ、後ニハ敵御方二萬二千餘騎、颯ト入亂、此ニ分レ彼ニ合、半時許戰ケルガ、組デ落レバ下重リ、切テ落セバ頸ヲトル、戰未レ決前ニ、小貳方ニハ赤星掃部助武貫ヲ討テ悅ビ、寄手ハ引返ス、菊池ガ方ニハ太宰越後守ヲ虜テ、勝時ヲ上テゾ

松浦等二萬除騎

悦ケル、此時宮方ニ、結城右馬頭・加藤大夫判官・合田筑前入道・熊谷豊後守（直久）・三栗屋十郎・太宰修理亮・松田丹後守・同出雲守・熊谷民部大輔（直鎮）以下、宗トノ兵三百餘人討死シケレバ、將軍方ニハ、饗庭右衛門藏人・同左衛門大夫・山井三郎・相馬小太郎・木綿左近將監・西川兵庫助・草壁六郎以下、憑切タル兵共七百餘人討レニケリ、三番ニハ、宮ノ御勢・新田ノ一族・菊池肥後守一手ニ成テ、三千餘騎、敵ノ中ヲ破テ、蜘手十文字ニ懸散ント喚ヒテ蒐ル、小貳・松浦・草壁・山賀・嶋津・澁谷ノ兵二萬餘騎、左右ヘ颯ト分レテ散々ニ射ル、宮方ノ勢射立ラレテ引ケル時、宮ハ三所マデ深手ヲ負セ給ケレバ日野左少辨・坊城三位・洞院權大納言・花山院四位少將・北山三位中將・北畠源中納言・春日大納言・土御門右少辨・高辻三位・葉室左衛門督ニ至ルマデ、宮ヲ落シ進セント蹈止テ討レ給フ、是ヲ見テ新田ノ一族三十三人、其勢千餘騎横合ニ懸テ、兩方ノ手崎ヲ追マクリ、眞中ヘ會尺モナク懸入テ、引組デ落、打違テ死、命ヲ限ニ戰ケルニ、世良田大膳大夫・田中彈正大弼・岩松相摸守・桃井右京亮・堀口三郎・江田丹後守・山名播磨守、敵ニ組レテ討レニケリ、菊池肥後守武光・子息肥後次郎ハ、宮ノ御手ヲ負セ給ノミナラズ、月卿雲客・新田一族達若干討ル、ヲ見テ、「何ノ爲ニ可レ惜命ゾヤ、日來ノ契約不レ違、我ニ伴フ兵共、不レ殘討死セヨ、」ト勵サレテ、眞前ニ懸入ル、敵此ヲ見知タリケレバ、射テ落サント、鏃ヲソロヘ

テ如二雨降一射ケレ共、菊池ガ著タル鎧ハ、此合戰ノ爲ニ三人張ノ精兵ニ草摺ヲ一枚宛射サセテ、通ラヌサネヲ一枚マゼニ拵テ威タレバ、何ナル强弓ガ射ケレ共、裏カク矢一モ無リケリ、馬ハ射ラレテ倒レ共乘手ハ疵ヲ被ラネバ、乘替テハ懸入々々、十七度迄懸ケルニ、菊池甲ヲ落サレテ、小鬢ヲ二太刀切レタリ、スハヤ討レヌト見ヘケルガ、小貳新左衞門武藤ト押雙テ組デ落、小貳ガ頸ヲ取テ鋒ニ貫キ、甲ヲ取テ打著テ、敵ノ馬ニ乘替、敵ノ中ヘ破テ入、今日ノ卯剋ヨリ酉ノ下マデ一息ヲモ不レ繼相戰ケルニ、新小貳ヲ始トシテ一族廿三人、憑切タル郎從四百餘人、其外ノ軍勢三千二百廿六人マデ討レニケレバ、小貳今ハ叶ハジトヤ思ケン、太宰府ヘ引退テ、寶萬(御笠郡)ガ嶽ニ引上ル、菊池モ勝軍ハシタレドモ、討死シタル人ヲ數レバ、千八百餘人ト注シタリケル、續テ敵ニモ不レ懸、且ク手負ヲ助テコソ又合戰ヲ致サメトテ、肥後國ヘ引返ス、其後ハ、敵モ御方モ皆己ガ領知ノ國ニ楯籠テ、中々軍モ無リケリ、

六九九　島津道鑑讓狀案　　○島津家文書

松浦女房ニ薩摩國山門院內三箇村幷ニ脇本村・嘉古村等ヲ讓ル

讓与　　松浦女房分

一期ノ後ハ惣領ニ返付スベシ

薩摩國山門院(出水郡)内三箇村幷脇本村
同國河邊郡内嘉古村事、
右、所々者、一期之後、可返付惣領師久(島津)狀如件、
延文四年卯月五日　道鑑(島津貞久)

○斑島文書

七〇〇　少貳冬資書狀

佐志强ヲ招ク

(端裏)「(墨引)」
度々進狀候之間、定參著候乎、抑武光(菊池)以下凶徒等打越志摩郡(筑前國)候、對治事、御一族同心ニ早々御打出候者、自是も可攻合候、大友方(氏時)昨日八日被著豐前築城(築城郡)候、阿蘇大宮司(惟村)も可著之由申遣候、又常州(宇都宮守綱)一族共ニ被打加當陳了、所詮、今明令談合、急速ニ可罷立候、相構〳〵以夜繼日、可有御打上候、公私一向奉憑候、於今度者、以別儀、被御覽繼候者悅入候、委細賴國(少貳)方より可申候、恐々謹言、
(延文五年)卯月九日　冬資(少貳)(花押)
佐志次郎(强)三郎殿

斑嶋厚ニ宇野御厨荘斑嶋地頭職等ヲ讓ル

海夫

嫡女久鶴御前

七〇一　斑嶋行法讓狀

○有浦文書

ゆつりあたふ孫（斑嶋）四郎厚かところに、
肥前國下松浦（松浦郡）内うのゝミくりやの庄斑嶋地頭敷（職）、同國河副（佐嘉郡）庄福田新田内壹町、同益田内
壹町、ちくせんの國岩戸鄉（那珂郡）内中原名ハ行法か知行分一村事、
右、所領等ハ、行法か重代相傳私領也、然に志あるによて、次第てうとの本せう文御下文
以下を相そへて、孫四郎にゆつりあたふ所也、そしらにはいふんのほかは、所々の田はく・
山野等たふん（ん ふカ）ものこさす、海夫以下惣領として可知行、但孫四郎にかやうにゆつりたふと
いへとも、四郎もし子孫なくて、おやにもさきたつ事あらん時ハ、ちやく女ひさつる御前
此所をハ可知行、もし行法か子とも・しんるいの中よりも、いさゝかいらんわつらひ申物
あらハ、さいくわに申おこない、わかゆつる所の所領等ハ、惣領四郎厚子々孫々まて、他
のさまたけなく可知行、仍爲後日ゆつり狀如件、

延文五年かのへね壬四月十三日

沙彌行法（斑嶋納）（花押）

七〇二　斑嶋相傳系圖※

○有浦文書

系圖　肥前國（松浦郡）御厨庄斑嶋相傳次第

行覺（斑嶋厚）―行法（納）―嫡女　千（久鶴）、賀・原（厚）母黨（堂）

行法の子：
- 二男　源六（斑嶋淳）
- 三子　嶽尾向妻女
- 四子　伊萬里中村妻女
- 五子　赤木・佐志母黨（堂）
- 寺
- 津山
- 太郎兵衛尉入道――詫田

七〇三　宗經茂書狀　○斑島文書

波多披ト凶徒退治ヲ申談ズ

御敵引退候之間、令悦喜候、但凶徒等在所不承定候之間、令申候、是少取靜候者、參候て、此邊退治事も可申談候、

抑志登（筑前國志摩郡）事、一日注進仕て候か、未其左右到來候、只今承候者、早々可申入候、兼又所々御一族所務事、蹔被閣事候、恐悦無申計候、其子細御使申候了、委細長田一阿可有御物語候、恐々謹言、

（延文五年カ）七月十二日　　刑部丞（宗）經茂（花押）

謹上　佐志源藏人（波多披）殿

七〇四　少貳頼尙書狀寫　○有浦文書

波多披ニ使者ヲ遣ス

志登（筑前國志摩郡）事ニよて、一昨日進使者候之處、委細語申候、尤楚忽之至候、無勿躰候、其子細大友方へ申候、□□□□□□□□入□□不審をも可申候、相構〳〵諸事無爲之様、御計令同意候、其間事、使者改而可申候、恐々謹言、

(延文五年カ)九月十四日　　(少貳)賴尙（花押影）

佐志(波多披)藏人殿

七〇五　征西將軍宮令旨案　○青木氏蒐集文書

妙音寺寺領ヲ安堵ス

寺領事、全知行、可被致御祈禱精誠也、仍執達如件、

正平十五年九月廿八日　　(五條賴元)勘解由次官（花押影）

(肥前國松浦郡)松浦相知妙音寺禪室

七〇六　豐前權守秀永書狀寫※　○妙音寺文書

興聖寺住持職幷ニ寺務ヲ先例ニ任セテ沙汰ス

興聖寺住持軄幷寺務事、任先例御沙汰候者、恐悅候、恐惶謹言、

卯月四日　　豐前權守秀永（花押影）

進上　(肥前國松浦郡)妙音寺方丈

侍者御中

七〇七　斯波氏經書狀案

○有浦文書

上松浦人々ニ近日鎭西凶徒退治ノタメ發向ノ旨ヲ傳フ

(斯波氏經)
左京大夫殿

校正了

爲鎭西凶徒退治、近日可發向候、致用意、令相待下着給候者、爲悅候、恐々謹言、

(延文六年)
二月六日　　(斯波)氏經在判

上松浦人々御中

七〇八　足利義詮御判御教書案

○有浦文書

上松浦人々ニ鎭西凶徒退治ノタメ近日斯波氏經ヲ差遣ス旨ヲ傳フ

(端裏書)
「將軍家御教書案　　(斯波氏經)左京大夫殿御書案」

將軍家　　五一到來

校正了

鎭西退治事、所被憑思食也、近日可差遣左京大夫氏經(斯波)、其間令堪忍、可相待下着之狀如件、

延文六年二月廿二日　　(足利義詮)御判

上松浦人々中

七〇九　青方重相博狀案

○青方文書

（端裏書）「しけしのしやうのあんもん」
案文

西浦部青方ノ所領等ヲ相博ス

さうはくす、

ひせんの國にしうら（松浦郡）へあを□□（かた）□□（か）（青方高繼）くしやうのゆつりのしほや一う□□□□□□□しほやらハかくしやうのゆ□□□□□□□しやうさうゐなく候といへと□□□□□らす候て、あひたかいにそむのわつ□□（らひ）□り候あひた、重かちきやうふんのうちの□□（てんはカ）くさんやらをさしわかて（ち脱カ）、さうはく申候と□□（ころカ）なり、さかいハなまのしほやのうしろのミ□のまゝ、

那摩

はん二らう入道のふるやしき、よ一□□□きのまへのミちをゑひすのにしのは□□三郎大郎入道とさこのセうかやし□□□ミちをたふちニふミつけて、さこかうし□□ミそのまゝ、よ一かくむかわにふミをとし、おなしきかハのほりとのかハよりすくニお□のゝこかにしのほり、やまうち□かわちのほ□（りカ）ひたをニふミあけて、おたてニ〇（まつむれのひたを）くまたかニ□□このあひのおくたり、とう二郎かとゐ□□ゐのおくたり、いそニふミおとして、このう

山内
河内堀
比多尾

□□□きとのゝほんさかいニふミそ□候てさうは□《くカ》中候了、
かうさきとのゝりやうないのあミのとくふん□ふんハ、かくしやうのゆつりニまかセて、
重ち□□□《きやうカ》さうゐなく候といへとも、このさうはくきやうこうハ参ふん一のとくふんたる
□□《へしカ》、かくのことくさため申候うゑハ、さかいを□□とくふんニいたり候まて、あひたか
いニいら□□□《んわつカ》らいあるましく候、よてさうはくしやうくたんのことし、

延文六年四月廿六日　　重《青方》

神崎氏

七一〇　沙彌某等連署相博狀案　○青方文書

相博狀ニ後證ノタメ加判ス

（裏花押影）

ふん壹□□□□□□□□《のとくふんたるへしカ》、かくのことくさため申候うゑハ、□□□□《さかいを》とくふんニい
たるまて、あひたかいニいらんあるましく候、よてさうはく状如件、

延文六年四月廿六日

爲後證加判候、孔子次第

沙彌□

□《種カ》□

圓□

任阿
並□
來阿□
□
傳□
定□
□

○深堀文書

七一一　深堀時勝軍忠狀

松浦以下凶徒等本陣飯盛・細峯城ニ引退ク

肥前國彼杵(彼杵郡)庄深堀五郎左衞門尉時勝申軍忠事、

右、去七月十七日馳參筑前國長鳥山御陣、致宿直之□、少貳次郎賴國幷松浦以下凶徒等引退本陣飯盛(早良郡)・細峯(早良郡)城、取上油山(早良郡)之間、八月六日被追拂彼等之刻、抽忠節、翌□(日カ)七日馳參青柳(糟屋郡)御陣之處、被追落大友刑部大輔氏時・源孫二郎冬資(少貳)等逆徒之刻、亦勵軍忠、同八日爲敗軍誅伐、同國西鄉(宗像郡)御發向之間、同令供奉、於葦屋(遠賀郡)・鬼津(遠賀郡)以□(下)所々御陣、無斷絕致宿直、

同月十六日爲殘黨退治、屬于守護代御手・豐前國規矩郡發向之間、同罷向、屬當郡無爲、迄□（于カ）歸津之期、致忠節畢、然早賜御判、爲備將來龜鏡、粗言□（上）如件、

正平十六年九月　日

「承了、（花押）（菊池武光）」

七一二　龍造寺家平軍忠狀

○龍造寺文書

松浦ニ馳參ジ宿直警固ヲナス

肥前國龍造寺民部大夫家平申軍忠事、

右、爲菊池武光以下凶徒等退治、御出之時、馳參松浦（肥前國松浦郡）・大村（彼杵郡）、宿直警固之刻、七月五日筑前國御發向之間、屬于御手、加布利（筑前國怡土郡）之城沒落之時、抽忠勤畢、次爲細峯（早良郡）之御陣、日夜致合戰訖、隨而迄于飯盛（早良郡）・油山（早良郡）之御陣、抽忠節者哉、然早預御證判、欲備後代龜鏡、以此旨、可有御披露候、恐惶謹言、

延文六年九月　日

進上　御奉行所

「承了、（花押）（少貳賴國カ）」

七一三

○太平記

○山名時氏攻落美作城附菊池軍事

上松浦・下松浦ノ一黨三千餘騎飯盛山ニ打上ル

山伏・禪僧・遁世者等ヲ松浦ノ陣ニ遣ス

○上略筑紫ニハ、去七月初ニ、征西將軍宮(懷良親王)、新田ノ一族二千餘騎、菊池肥後守武光三千餘騎、博多(筑前國那珂郡)ニ打テ出テ、香椎(糟屋郡)ニ陣ヲ取ト聞ヘシカハ、勢ノ附ヌ先ニ逐落セトテ、大友刑部大輔(氏時)七千餘騎、太宰少貳五千餘騎、宗像大宮司(氏俊)八百餘騎、紀井常陸前司三百餘騎、都合二萬五千餘騎ノ勢一手ニ成テ大手ヘ向フ、上松浦・下松浦ノ一黨、兩勢ノ兵三千餘騎ハ、飯守(盛、以下同ジ)山(早良郡)ニ打上リテ、敵ノ後ヘソ廻リケル、寄手ハ目ニ餘ル程ノ大勢ニテ、シカモ敵ヲ取巻タリ、宮方ハ對揚マテモナキ小勢ニテ、シカモ平場ヲ陣ニ取タリケレ共、菊池カ氣分元來大敵ヲ拉ク心根ナリケレハ、敢テ事トモセサリケリ、兩陣ノ間僅ニ二十餘町ヲ隔タレハ、數日互ニ馬ノ腹帶ヲ堅メ、鎧ノ高紐ヲハツサデ、懸リテヤ攻ル、待テヤ戰フト、隙ヲ窺ヒ氣ヲタメラヒテ、徒ニ兩月ヲソ送リケル、菊池カ家ノ子城越前守(武顯)ハ、謀アル者ナリケレハ、山伏・禪僧・遁世者ナントヲ、忍々ニ松浦カ陣ヘ遣シテ、其陣ノ人々ノ中ニ、誰某ハ御方ヘ内通ノ事アリ、何カシハ後矢射テ降參スヘキ由ヲ候ソ、野心ノ者共ニ心ヲヲカデ、犬死

シ給フナナト様々ニソ申遣シケル、是ヲ聞テ、サル事ヤ有ヘキト思ヒナガラ、今時ノ人ノ心又有マシキ事ニテモナシト、互ニ心置合テ、危フマヌ人モ無リケリ、其後少程經テ、八月六日ノ曉、城越前守千餘騎ノ勢ニテ、飯守山ニ推寄、楯ノ板ヲ敲テ、鬨ヲ咄ト作ル、松浦黨元來大勢ナリ、城ヨカリケレハ、此敵ニ落サルヘキ様ハ無リケルヲ、城中ニ敵ノ內通ノ者多シト、敵ノ謀テ告タリシヲ、誠ト心得テ、御方ニ討ルナ、目ヲ賦レト云程コソ有ケレ、我先ニト落ケル間、寄手勝ニ乘テ、追懸々々是ヲ討、夜明タリセハ、一人モ助ルヘシトハ見ヘサリケリ、敵ナカラ手痛カランスルト思ヒツル松浦黨ヲハ、城越前守カ謀ニテ、容易ク攻落シヌ、少貳、大友ヲ打散サン事ハ、掌ヲ指ヨリモ容易カルヘシトテ、菊池・宮ノ御勢ト一手ニ成テ五千餘騎、明七日午刻ニ、香椎ノ陣ヘ推寄ル、松浦黨、昨日搦手ノ軍ニ打負ヌト聞シヨリ、哀引ハヤト思フ少貳・大友カ勢トモナレハ、何カハ一タマリモタマルヘキ、鞭ニ鐙ヲ合テ、我先ニト落テ行、道モ去得ス、脫捨タル物具弓矢ニ目ヲ懸スハ、一日路餘追レツル、大手二萬餘騎ハ、半モ生テ本國ヘ歸ヘキトハ見ヘサリケリ、

松浦黨ハ大勢ナリ

松浦黨ヲ攻落ス

松浦黨搦手ノ軍ニ打負ク

七一四

○北肥戰誌

新征西將軍宮大宰府御發向之事

延文六年辛丑、改元有テ康安ト號ス、今年八代ノ新將軍ノ宮懷良親王、既ニ御年十六歳、故宮ノ第三年ニ當リヌ、然ルニ菊池一族集テ、亡君ノ御孝養ニ、今年ノ秋ハ是非ニ付テ大宰府へ押寄、少貳ノ者共ト十死一生ノ合戰スヘシト談合ス、名和・兒島・宇都宮共尤ト同ス、武光(菊池)申ケルハ、サラハ先ツ薩州島津ノ一族半ハ宮方ニテ、半ハ武家へ從ヒシヲ退治シ、後ヲ心易ク國ヲ可打出ト、四月下旬薩摩へ打入リ、島津上總介師久・同陸奥守氏久ト相戰フニ、島津兄弟打負テ菊池へ降參ス、武光、案ノ中ニ薩州ヲ平治シ、日州へ赴キ、伊東大和守・土持十郎・宮崎掃部允ニ參會シ、同名肥前守武安ヲ日州へ殘置、薩摩・日向・大隅ヲ押へテ、其身ハ急キ肥後へ歸リ、偖同七月初旬、武光ヲ初メ兒島備後入道義清・名和伯耆判官長生兄弟・宇都宮壹岐守・河上・伊東・城野・八代・城・赤星以下、新將軍宮ノ御供シ、少貳賴尙カ一類追討ノ爲、大宰府ヱ向フ、肥後・薩摩・日向・大隅四箇國ノ兵都合三萬餘騎也、又菊池右衞門大夫武勝ハ、軍兵ヲ分ケテ八千餘騎、大友(氏時)ヲ退治ノ爲豐後へ發向ス、斯テ宮ノ御勢筑後ヲ打通リ大宰府ニ攻近ク、少貳是ヲ防ント、其身ハ宰府へ在テ、寶滿嶽(三笠郡)ヲ要害ニ構ヱ、天拜嶽(三笠郡)ニ出城ヲ誘へ、一ノ瀨(那珂郡)・岩門(那珂郡)・飯盛(早良郡)・細峰(早良郡)・荒平(夜須郡)五カ所ノ城ニ軍兵ヲ籠置、大宰府ノ援ト定メテ、宮ノ御勢ヲ待懸ル、大友刑部大輔氏時モ大宰府へ來

松浦黨飯盛・細峯城ヲ出テ名和・菊池ト戰ヒ打負ケテ油山ニ逃ル

リ、少貳ト一ツニ成ル、斯テ宮ノ先陣菊池武光・名和長生進ンテ、筑前國長鳥山ニ陣ヲ取ル、于時少貳次郎頼國・松浦黨ノ者トモ、飯盛・細峯ノ城ヨリ出テ、名和・菊池ト防戰シケルカ、一戰ニ打負、本陣ヘ引退キ油山(早良郡)ヘ取登ル、八月六日、菊池續ヒテ是ヲ追拂、同七日、將軍宮青柳(糟屋郡)ニ御陣ヲ被移、菊池・名和・宇都宮・城・赤星・城野・八代ヲ以テ、大友刑部大夫氏時・大宰源孫次郎冬資・宗像大宮司氏直(俊カ)・城井常陸介・山鹿筑前守等ト合戰シ、不日ニ被追落、同八日、氏時・氏直(俊カ)・冬資以下カ上ルヲ追テ、同國西鄉(宗像郡)ヘ御發向、于時宗像大宮司ハ、已ガ蔦岳(宗像郡)城ヘ逃籠リ、大友ハ豐後ヘ歸國シケリ、或ハ云、此時菊池宗像カ城ヲ攻落シ大宮司ヲ捕ヘ、多年ノ朝敵ナリト罪ヲ鳴シテ、首ヲ刎ケレトモ、未詳、夫ヨリ宮ノ御勢、蘆屋(遠賀郡)鬼津ニ至リ、小野(嘉麻郡)御在陣アリ、同十六日、凶徒ノ殘黨城井(仲津郡)・山鹿(仲津郡)爲御退治、豐前國規矩郡ヘ守護代ヲ被差向、此時肥前國彼杵一揆・深堀五郎左衞門時勝等、守護代ノ手ニ相屬ス、同十七日、將軍宮、長鳥山ヘ御陣ヲ被居、于時菊池武光勢ヲ分ケテ、城越前守武顯ヲ大將トシ、少貳ノ本城大宰府ヱ差向、頼尙ヲ攻サスル、彼越前守ハ智謀深キ者ニテ、博多ノ津ヘ出家ノ居ケルヲ方便賺、財寶ヲ與ヘテ謀ノ旨ヲ云含、大宰府ノ城中ヘ入レ、樣々ノ惡說ヲ云セル程ニ、少貳ノ家人等、互ニ心ヲ置合一和セス、越前守、忍ヲ以テ其樣子ヲ窺ヒ知リ、宰府ノ民家ヘ火ヲ掛ケリ、少貳カ城中大ニ騷キ、我先ニト落失ヌ、越前守押寄是ヲ攻ケルニ、不日ニ落去シテ、大宰少貳頼尙、城ヲ去テ、

松浦黨深山ニ逃隱ル

寶満嶽ヘ取上リ、後ニハ豊後ヘ落行、大友ト一所ニ居ケリ、此時頼尙カ舍弟武藤孫三郎頼賢ハ、肥後國ノ住人城野九良ニ討レ、同名越前守頼充ハ、城カ家人ニ首ヲ授ケリ、是等ヲ初テ、少貳カ侍六拾餘人、雜兵六百餘人討死ス、斯テ菊池ハ城越前守カ計略ニテ、容易少貳カ大宰府ノ城ヲ攻落シ、天拜嶽・飯盛等ノ殘黨ヲモ退治シテ、博多・馬(鳥カ)飼ヲ過テ姪濱(早良郡)ヘ陣ヲトリ、武家方ノ殘黨ヲ誅伐スルニ、少貳一家、山鹿・麻生・原田・秋月・松浦黨、或ハ深山ヘ逃隱レ、或ハ海岸ニ身ヲ寄テ、面ヲ出者モナク、筑前一國既ニ平均ス、豊前ヘ被差向シ御勢モ、城井・長野等ヲ打從ヘ、規矩・田河兩郡靜謐ス、又豊後ヘ向ヒシ菊池右衞門大夫武勝モ、府内ヘ打入リシニ、大友ハ其頃大宰府ヘ出陣シケレハ、其留守ヲ征罰シテ、豊前國ヘ駈通リ、所々ヲ切從ヘ、大宰府ニ來テ宮ノ御陣ヘ參ル、此時武勝カ軍功莫大也トテ、豊前守ニ成サル、斯テ九州大半靜謐ス、征西將軍宮ハ、其儘大宰府ヘ御座ヲ居ラレヌ、今年モ已ニ暮テ、翌レハ貞治ト改元ス、

七一五　上總介某書狀

○斑島文書

依世上動亂、此間久不申承候條、背本意候、何條御事候乎、承度存候、

波多披ニ斯波氏經ノ豊後到著ヲ傳フ

抑管領（斯波氏經）今月三日御着豊後、大船八艘ニ被召候て御下候、新田殿・今川殿・岩松殿其外爲宗御一族、多御下向候之間、殊ニ目出候、定御同心候乎、隨而近日御發向候、爲御心得申候、其邊不審、委細示給候者本望候、每事期後信候、恐々謹言、

（康安元年）十月十日　　上總介家□（花押）

佐志藏人殿（波多披）

七一六　征西將軍宮令旨案　○青方文書

青方氏ノ馳參ヲ賞ス

馳參之條尤以神妙、彌可被抽忠節也、仍執達如件、

正平十六年十一月十四日　　右中將（坊門資世）（花押影）

七一七　斯波氏經軍勢催促狀　○斑島文書

波多授ニ軍勢催促ス

爲凶徒退治、所令下向也、早馳參可致軍忠之狀如件、

康安元年十一月廿二日　　左京大夫（斯波氏經）（花押）

松浦佐志菊壽殿（波多授）

七一八　斯波氏經軍勢催促狀

○斑島文書

波多授ニ軍勢催促ス

爲凶徒退治、所令下向也、早馳參可致忠節、仍執達如件、

康安二年二月十二日　　左京大夫（斯波氏經）（花押）

佐志菊壽丸（波多授）

七一九　斯波氏經感狀

○斑島文書

波多授ノ軍忠ヲ賞ス

於御方父祖代々令討死、致忠節相續之由、尤以神妙也、後向（向後）彌可抽戰功、仍執達如件、

康安二年三月二日　　左京大夫（斯波氏經）（花押）

佐志菊壽丸（波多授）

七二〇　斯波氏經感狀

○斑島文書

波多授ノ軍忠ヲ賞ス

多年於御方被致忠節候之條、尤以神妙、向後彌可抽軍忠之狀、執達如件、

康安二年四月十一日　　左京大夫（斯波氏經）（花押）

松浦佐志菊壽殿（波多授）

七二一　斯波氏經預ケ狀

○斑島文書

斑嶋源次郎ニ由津利葉三郎跡滿澤三十町ヲ預ケ置ク

肥前國由津利葉三郎跡滿澤三十町事、就望申所預置也、若有子細者、可有其沙汰、仍執達如件、

康安二年八月廿九日　　左京大夫（斯波氏經）（花押）

斑嶋源次郎殿

七二二

○太平記

○菊池大友軍事

左京大夫（斯波氏經）已ニ大友（氏時）ガ館ニ著ヌト聞ヘケレバ、菊池肥後守武光、敵ニ勢ノ著ヌ先ニ打散セトテ、菊池彦次郎（武義）・城越前守（武顯）・宇都宮・岩野・鹿子木民部大輔・下田帶刀以下勝レタル兵五千餘騎ヲ差副テ、探題左京大夫ヲ責ン爲ニ、九月廿三日（正平十七・貞治元年）豊後國へ發向ス、探題左京大夫是ヲ聞ニ、「抑我九州靜謐ノ爲ニ被レ下タル者ガ、敵ノ城ヘ不レ寄シテ、却テ敵ニ被レ寄タリト京都ニ聞ヘンズル事、先武略ノ不レ足ニ相似タリ、サレバ敵ヲ城ニテ相待マデモアルマジ、路次ニ馳向テ戰ヘ、」トテ、探題ノ子息松王丸ノ、未幼稚ニテ今年十一歳ニ成ケルヲ大將ニテ、大宰小貳（少）・舍弟筑後二郎・同新左衞門尉・宗像大宮司（氏俊）・松浦一黨都合其勢七千餘騎ニテ、筑前國長者原（糟屋郡）ト云所ニ馳向テ、路ヲ遮テゾ待懸タル、同廿七日ニ菊池彦二郎五千餘騎ヲ二手ニ作リ長者原へ押寄テ戰ケルニ、岩野・鹿子木將監・下田帶刀已下、宗徒ノ勇士三百餘騎討レテ、其日ノ大將菊池彦次郎、三所マデ疵ヲ被リケレバ、宮方ノ軍勢已ニ二十餘町引退ク、スハヤ打負ヌト見ヘケル處ニ、城越前守五百餘騎、入替テ戰ケルニ、小貳筑後二郎・同新左衞門尉、二人共ニ一所ニテ討レヌ、其外松浦・宗像大宮司ガ一族・若黨四百餘人討レニケレバ、探題・小貳・大友二度目ノ軍ニ打負テ、皆散々ニ成ニケリ、菊池已ニ手合ノ軍ニ打勝シカバ、探題ノ勇威モ恐ルニ不レ足ト蔑テ、菊池肥後守武光惡

松浦一黨斯波氏經ニ與同シ長者原ニ馳參ズ

松浦黨等打負ク

松浦等勢七千餘騎

手ノ兵三千餘騎ヲ卒シテ、舎弟彦次郎ガ勢ニ馳加テ、豐後ノ府へ發向ス、是マデモ猶探題・小貳・大友・松浦・宗像ガ勢ハ七千餘騎有ケルガ、菊池ニ氣ヲ呑レテ、懸合ノ合戰叶マジトヤ思ケン、探題ト大友トハ、豐後ノ高崎城(大分郡)ニ引籠リ、大宰小貳ハ、岡ノ城(大分郡)ニ楯籠リ、大宮司ハ棟堅(宗像郡)ノ城ニ籠テ、嶮岨ヲ命ニ憑ケレバ、菊池ハ豐後(大分郡)ノ府ニ陣ヲ取リ、三方ノ敵ヲ物共セズ、三ノ城ノ中ヲ押隔テ、今年ハ已ニ三年マデ、遠攻ニコソシタリケレ、抑小貳・大友ハ大勢ニテ城ニ籠リ、菊池ハ小勢ニテ是ヲ圍ム、菊池ガ城必シモ皆剛ナルベカラズ、小貳・大友ガ勢必シモ皆臆病ナルベキニ非ズ、只士卒ノ剛臆ハ大將ノ心ニヨル故ニ、九國ハ加樣ニ成ニケル也、

七二三　征西將軍宮令旨案

○青方文書

右中將(坊門資世)(花押影)

青方重ノ當知行地ヲ安堵ス

本當知行地事、領掌不可有相違、仍執達如件、

正平十七年九月廿七日

松浦有河青方二郎四郎(重)殿

七二四　少貳冬資書狀

○斑島文書

波多披ニ軍勢催促ス

今度者大營候之間、奉憑候之處、既被打出之由承候之條、殊ニ目出候、同候者、早々被取寄陣候者大慶候、恐々謹言、

(康安二年カ)十月三日　　　　(少貳)冬資(花押)

(有)蟻浦源(波多披)藏人殿

七二五　饗庭道哲・高辻道准連署奉書案

○青方文書

神崎荘政所ヲシテ青方重ノ神崎荘內田地參町・屋敷・畠地等ノ知行年限相傳次第等ヲ注申セシム

松浦青方次郎四郎重申肥前國(神崎郡)神崎庄內田地參町・屋敷・畠地等事、申狀具書如此、云知行之年限、云相傳次第、載起請之詞、可被注申由所候也、仍執達如件、

正平十七年十月八日　　　　(饗庭)沙彌道哲(花押影)

　　　　　　　　　　　　　(高辻)沙彌道准(花押影)

當庄兩政所殿

七二六　征西將軍宮令旨

○來島文書

大嶋源次ノ當知行所領ヲ安堵ス

本當知行所領事、領掌不可有相違也、仍執達如件、

正平十七年十月八日　　右中將(坊門資世)（花押）

松浦大嶋源次殿

七二七　後藤基藤請文案

○青方文書

青方重ノ神崎莊內參町分當知行ノ實否ヲ存ゼザル旨ノ請文ヲ出ス

(端裏書)「□□□請文　正平十七十二四」

今月八日御奉書同十一日到來、謹令拜見候訖、

抑被　仰下候青方次郎四郎重申神崎(神埼郡)庄內參町分事、爲上鄉內之間、當知行實否更以不令存知候、若此條僞申候者、

八幡大菩薩御罰ヲ可罷蒙候、以此旨可有御披露候、恐惶謹言、

正平十七年十月十一日　　散位基藤(後藤)請文（裏花押影）

七二八　征西將軍宮令旨寫

○青方文書

青方重ノ軍忠ヲ賞ス

長者原（筑前國糟屋郡）合戰之時、致忠節之條、尤神妙、仍執達如件、

正平十七年十月廿六日　右中將（坊門資世）判

松浦青方次郎四郎（重）殿

七二九　征西將軍宮令旨案

○松浦文書

鮎河信ノ軍忠ヲ賞ス

長者原（筑前國糟屋郡）合戰之時、致忠節之條、尤神妙、彌可抽戰功也、仍執達如件、

正平十七年十月廿六日　右中將（坊門資世）（花押影）

松浦鮎河六郎（信）次郎殿

七三〇　菊池武光感狀△

○樋田文書

松浦二黨ヲ誅伐ス

去年於飯守山（筑前國早良郡）合戰、誅伐於松浦二黨、今度長者ケ原（筑前國糟屋郡）合戰責伏探題左京太夫（斯波氏經）・小貳（少）・大友・

松浦黨之一族條、無比類働、征西将軍（懐良親王）甚御感候也、爲其賞、以顯成・武光（菊池）一所懸命之地、追而御沙汰可有之旨、仍而感狀如件、

北朝年號ヲ記ス

貞治元年十月廿七日　　肥後守

武光（花押）

檢別當

顯成（花押）

城越前守（武顯）殿

七三一　斯波氏經書狀寫

○阿蘇家文書

松浦上下一揆越山ス

不審之處、委細貴札令披見候了、其邊數ケ所被取堅（固脱カ）要害候之條、目出候、兼又、松浦上下一揆去月廿七日越山之由、注進到來候了、豐前之勢、於今者引合一所候歟、博多（筑前國那珂郡）・宰府合戰定始候哉、就其當國（豐後國）事、通路并後攻等事、致思案、可被廻籌策候也、且又、宇土・河尻內々申旨候之間、聊相計之子細候き、治定躰無心元候、以便可示給候也、今度事、一向御高名至極之間、諸事憑申候也、恐々謹言、

十一月十日（貞治元年）　　　　氏經（斯波）花押

七三二　安富泰重軍忠狀

○深江文書

松浦御敵蜂起
鏡・濱崎ニ打
寄ス

安富民部大夫泰重申軍忠事、

右、去九月十四日豐後國萬壽寺（大分郡）御立之間、御共（供）仕、所々致宿直候畢、同廿一日御敵京都大將（斯波氏經）并冬資（少貳）以下凶徒依打出、於長者原（筑前國糟屋郡）御合戰之間、致種々軍忠分捕之條、預御撿知畢、次松浦御敵蜂起之由、在國司筑前守令申之間、同廿五日福井（筑前國怡土郡）罷下、致合力之處、御敵退散之由依風聞、企參上之處、御敵又鏡（肥前國松浦郡）・濱崎打寄之由、其聞候之間、十月五日重福井罷下、在國司令同心、於一貴寺（怡土郡）高嶽、對于御敵、抽忠勤者也、將又、冬資・宗像大宮司（氏俊）以下凶徒依打出、香椎（筑前國糟屋郡）・大隈（嘉麻郡）御出之間、十一月三日馳上令御共（供）者也、同廿一日莚打（糟屋郡）御發向之間、御共（供）仕、同廿四日迄于歸津之期、御共（供）之上者、下賜證判、可備將來龜鏡候、以此旨、可有御披露候、恐惶謹言、

正平十七年十一月廿五日

「承候了、（花押）（菊池武光）」

七三三　征西將軍宮令旨

○來島文書

中嶋五郎ノ軍忠ヲ賞ス

筑前國得永《怡土郡》合戰之時、致忠節之條、尤神妙、仍執達如件、

正平十七年十一月廿七日

右中將《坊門資世》（花押）

松浦中嶋五郎殿

七三四　波多久曾壽丸軍忠狀

○有浦文書

波多披・諸浦强筑前國片岡ノ合戰ニテ打死ス

松浦波多久《祝》曾壽丸申、

右、筑前國於片岡、今月廿日押寄御敵陣、一族等相共致合戰之時、親父源藏人披《波多》・舍兄諸浦二郎三郎强打死候畢、若黨今里淸五郎守長右足於被射候、此條　御大將御前間、御見知上者、下給御判、爲備將來龜鏡、粗言上如件、

康安二年十一月卅日

「承候了、左衞門尉（花押）」

進上　御奉行所

七三五　青方重申状案

○青方文書

蒙古合戰勳功地神崎莊田地參町ノ安堵ヲ申ス

□□□□□□□□□□□〔松浦青方次郎四郎重言上〕、
□□□□□□□□□□□□□□□□□□□□□□□□□□□□□□□□□□□〔兩政所請文調進上者、預御裁許、欲令知行蒙古合戰勳功賞肥前國神崎庄內參町分事〕

副進

二通　□□□□〔兩政所請文〕

右、地者、曾祖父松浦青方彌三郎重高爲□□□〔弘安蒙古〕合戰之賞拜領以來、□〔代〕々相續領知之處、正平□□〔八年〕以來依世上動搖、知行錯亂□〔訖〕、□□□〔而今重〕參御方、致忠節□〔之〕間、如元可返給之旨、所令言上也、吉田藤次郎更□□□〔非領主〕、無相傳之由緒、然早任□□□〔本公驗〕、爲預御裁許、□□〔言上〕如件、

正平十七年□□□□〔十一月日〕

七三六　左衞門尉直治請文案

○青方文書

青方重申ス神崎莊田地參町等ノ相傳次第ニツキ請文ヲ出ス
正平八年以來吉田藤次郎相傳知行ス
正平十三年福童原合戰ニテ吉田藤次郎北朝方トナリ沒收サル
闕所地ハ家兼ノ料所トナル
降參人本領半分返付サル
吉田藤次郎跡・家兼跡一町五段宛知行ス

去(正平十七年)十月八日御奉書謹拜見仕候畢、

抑如被仰下候者、松浦青方次郎重申肥前國神崎(神崎郡)庄内田地參町・屋敷・畠地等事、申状具書如此、云知行之年限、云相傳之次第、載起請之詞可注申云々、於彼青方參町分者、去正平八年以來自當御代之最初、當庄住人吉田藤次郎相傳知行無相違之處、同十三年福童原(筑前國御原郡)御合戰之時、依罷成御敵、於新闕所爲家兼料所、令當知行候之處、去年降參人本領半分依被返付定法、於一丁五段者、本主吉田藤次郎跡返付候畢、於殘半分者、家兼跡令知行候、若此條僞申候者、

八幡大菩薩御罸於可罷蒙候、以此旨可有御披露候、恐惶謹言、

正平十七年十二月二日　　左衛門尉直治請文在判

七三七　征西將軍宮令旨案

〇青方文書

青方重ノ軍忠ヲ賞ス

於怡土(筑前國怡土郡)陣、致忠節之條尤神妙也、仍執達如件、

正平十七年十二月七日　　右中將(坊門資世)(花押影)

松浦青方(重)次郎四郎殿

○青方文書

七三八　征西將軍宮令旨案

白魚政ノ軍忠ヲ賞ス

於怡土（筑前國怡土郡）陣、致忠節之條尤神妙也、仍執達如件、

正平十七年十二月七日　右中將（坊門資世）（花押影）

松浦白魚孫（政）九郎殿

○有浦文書

七三九　少貳賴泰書狀

波多披ノ討死ヲ悼ム

御親父（波多披）御討死事、無念千萬候、御心中奉察候、殊更他年一所同道申候之間、一しほ無念に哀に存候、此由面々早々可申入之由存候之處、依當國物忩、于今延引、實々所存之外存候、如何、以面可令申候、先以仙庵令申候也、恐々謹言、

十二月十九日（貞治元年）　賴泰（少貳）□□□（スリケシ）

波多殿御跡

七四〇　左衛門尉某禁制寫　○妙音寺文書

妙音寺へノ甲乙人等ノ亂入狼藉ヲ禁ズ

禁制
　妙音寺（肥前國松浦郡）
右、軍勢幷甲乙人等不致〔可脱カ〕亂入狼籍〔藉〕、若有違犯之輩、可被處罪科之状、依仰執達如件、
　貞治二年六月八日　　　　　左衛門尉（花押影）

七四一　少貳冬資書状寫　○有浦文書

有浦祝ニ軍勢催促ス

御親父（波多披）時者隨分申承候處、御無音候間、無心本存候き、
抑注進事、一しほ調進候、相構て早々御一族よりも先御出候ハヽ〔てカ〕、御合力候ハヽ、爲怡悦候、
諸事期後信候、恐々謹言、
　　六月廿九日（貞治二年カ）　　　　冬資（少貳）（花押）
　松浦有浦三郎殿（波多祝）

下松浦一族中ノ文永・弘安・元弘勳功賞地ヲ安堵ス

七四二　征西将軍宮令旨案

○青方文書

文永・弘安・元弘勳功賞事、領掌不可有相違也者、依仰執達如件、

正平十八年九月廿六日　右中將（坊門資世）

御判

下松浦一族中

（裏書）「此正文御用之時者可持參候、

祥善（花押）」

筑後國三瀦荘田地ニツキ起請文ヲ出ス

七四三　了滿・正七等連署起請文案

○青方文書

申うくるてんはつきしやうもんの事、

右、本ハてんしん田五十二よし六丈の田の事、しやうかたにて候とそんちせす候、まして□れこそしやうかたにて候と人々申さす候、此後とても申ましく候、又御まつりの事ハけたいなくまつり申、御きたうをいたし申へく候、若此てういつはり申候はゝ、日本國三千餘座大少（小）の神きミやうたうの御罰、殊ニ當國（筑後國）鎮守・高良・玉垂三所大菩薩御罰おの〳〵ま

かりかうふり候へく候、仍爲後日起請文狀如件、

正平十九季八月五日

りやうまん（略押影）

しやうしち（略押影）

七四四　征西將軍宮令旨　○斑島文書

斑嶋女地頭ノ當知行地ヲ安堵ス

本當知行地事、領掌不可有相違之由、被　仰（懷良親王）下之狀如件、

正平十九年十月廿三日　大藏卿（坊門資世）（花押）

松浦斑嶋女地頭殿

七四五　白魚繁讓狀案　○青方文書

八郎丸ニ所領所職ヲ讓ル

ゆつりあたうるしけしか（白魚繁）あ□□□□□□（とのやしきの事カ）、

右、くたんのしけしかあとのやしきハ、しろう□（をカ）とのとわよ申て候ことく、あ□□□八郎

まるにあたゐ候ところ、しさいなく候、このほかにしろうをかわち（肥前國松浦郡）の一たん、おなしきふ

なつこた又四ろうさふらう□□きのうらのた、ミつま(筑後國三瀦郡)のこれともミやうのた一たん、しんさふらうかおやこ二人□つ八郎まるにゆつりあたへ候なり、いつれのきやうたいにても候へ、いらんわつらい申さるましく候、よてのちのためにゆつりしやうくたんのことし、

正平廿年十二月十三日

しろうを(白魚繁)のいや二らうしけし(花押影)

七四六　宇久・有河住人等連署置文案

○青方文書

宇久・有河住人等寄合網代ノ相論ヲ治定ス

赤濱網代
那摩內波解崎網代
祝言島前倉網代

違反人ハ宇久・有河中ヲ追放ス

有河氏

就青方覺性(高繼)沽券狀等、直(鮎河)・進与重(青方)・能阿(神崎)相論赤濱網代事、聊及□(霍)論之間、宇久・有河爲左博令談合、兩方理非於以和談之儀、直・進方仁件赤濱參番網代幷那摩內波解崎之崎網代・枚家(祝言カ)之前倉網代等一円仁沙汰付早、但赤濱者、又六番母可爲直・進方、此上者、於向後可被成一味同心之思也、若以非分之儀、重及呉論、背一揆之治定之旨、有違篇之儀者、任請文事書旨、違犯人々於宇久・有河中於永可擯出之狀如件、

正平廿一年八月廿二日　孔子次第

授(花押影)

全(有河)(花押影)

高（花押影）
答（花押影）
覺(宇久)（花押影）
常阿（花押影）
實（花押影）

宇久氏

七四七　澁川義行軍勢催促狀　○斑島文書

波多祀ニ軍勢催促ス

去四月廿八日注進狀今月廿日到來了、
抑鎭西凶徒對治事、相調分國之軍勢等、早々可令進發也、致用意、着國之時分可被致忠節
之狀如件、

貞治□(六カ)年七月廿六日　　武藏守(澁川義行)（花押）

松浦佐志藏人(波多祀)三郎殿

大嶋刑部丞ノ軍忠ヲ賞ス

七四八　征西將軍宮令旨

○來島文書

於香春岳(豊前國田河郡)、致軍忠之條、尤以神妙也、仍執達如件、

正平廿二年八月廿八日　　左少將(池尻胤房)(花押)

大嶋刑部丞殿

波多授ト千々賀種定ト斑嶋ニツキ相論ス

唐津

七四九　波多廣押書狀

○有浦文書

(端裏書)「はたとのゝ斑嶋一たうをてんしをかれたるあつそなり」

佐志与三殿(波多授)与千々賀五郎四郎殿(種定)相論候斑嶋(肥前國松浦郡)事、此間者依公私ゝ〔物忩〕無沙汰候、雖然爲此自去八日唐津(松浦郡)在津候、随而今月中理非ぉ可落居候、但所務以下者、落居之程置代官ぉ當嶋、懸持中途、任道理可沙汰付申候、若此條僞申候者、八幡大菩薩可罷蒙御罰ぉ候、仍請文押書如件、

正平廿三年卯月十三日　　廣(波多)(花押)

七五〇　澁川義行感狀　○斑島文書

波多授ノ軍忠ヲ賞ス

於鎭西致忠節之條、尤神妙也、彌可被抽戰功之狀如件、

貞治七年七月十七日　武藏守（澁川義行）（花押）

佐志与三（波多授）殿

七五一　松浦直寄進狀寫　○早田文書

松洞庵ニ田畠參町ヲ寄進ス

（端裏書）「丹後守直公御書壹通」

奉寄進　松洞庵

合田畠參町事、坪付有別帋、

右、志趣者、爲現當二世所願成就、子孫繁唱（昌）、息災延命也、仍寄進之狀如件、

正平廿四年卯月五日　丹後守（松浦）直（花押影）

斑嶋米壽ノ當知行地ヲ安堵ス

○斑島文書

七五二　征西将軍宮令旨

本領當知行地事、領掌不可有相違之状、依　仰《(懐良親王)》執達如件、

正平廿五年五月八日

左少将《(池尻胤房)》(花押)

松浦□《斑》□《嶋》米壽殿

青方固ニ青方村以下所々地頭職ヲ譲ル

○青方文書

七五三　青方重譲状案

ゆつりあたふちやくしいや四らう《(青方固)》かたむかところに、ひせんのくに五嶋《(松浦郡)》にしうらへあをかたの村以下所々地頭職事、

□□□《(右、件所々)》ちとうしきハ、しけし《(青方重)》かちやうたい□□□《(さうてん)》のしりやうなり、しかるあひたし□□□《(たいせ)》うもんをあひそゑて、かたむニゆつり□□《(あたう)》るところなり、しゝそん〱ニいたるまて、□□□《(わつら)》ひなくちきやうせしむへし、よて□《(こう)》せうのためニゆつり状如件、

□□《(正平)》廿五年八月九日

源重《(青方)》(花押影)

七五四　今川了俊感狀

○斑島文書

斑嶋女地頭ノ軍忠ヲ賞ス

凶徒對治事、別而被致忠節之條、所感悅也、彌可被抽軍忠之狀如件、

應安四年七月廿二日　沙彌（今川貞世・了俊）（花押）

斑嶋女地頭殿

七五五　白魚乙若丸申狀案

○青方文書

筑後國三瀦荘是友名內田地・屋敷ノ安堵ヲ申ス

枝光氏

松浦白魚乙若丸重言上、

欲早任枝光（本江）小太郎經家顧無理違背御奉書上者、公方安堵御下文幷重代相傳道理、渡給下地、筑後國三瀦（三瀦郡）庄是友名內田地・屋敷等事、

副進

一通　性蓮・經家兩判去狀

二通　安堵御下文

二通　御奉書

西牟田氏
枝光經家散状ニ及バズ

一通　西牟田彌次郎入道長西請文

右、巨細先度言上畢、爰經家顧無理、令違背御奉書、不及散状之上者、渡給下地、全知行、
爲軍忠之勇、重言上如件、

建徳二季七月　日

○青方文書

七五六　得益長覺書状案

筑後國三瀦莊是友名白魚分ニ關スル相論ノ停止ヲ勸ム

（端裏書）「三瀦庄□所得益殿状案文」

當庄（筑後國三瀦莊）是友名内白魚殿御分事、自　公方被成安堵候之處、御違亂候とて、守護方ニ云押領物、
云下地、可有御訴由被仰候、適御親御中、非論ハ相互可爲無益候、只任道理、不及上裁落
居候者、殊喜入候、恐々謹言、

九月廿一日（建徳二年カ）　長覺（得益）

枝光氏

枝光殿（本江經家）

七五七　今川了俊軍勢催促狀寫　○有浦文書

波多祝ニ軍勢催促ス

九州凶徒對治事、被仰付之間、已所發向也、早馳參御方、可被致忠節之狀如件、

應安四年十月三日　沙彌《（今川貞世・了俊）》（花押影）

有浦三郎《（波多祝）》殿

七五八　今川賴泰感狀　○有浦文書

長田次郎四郎ノ軍忠ヲ賞ス

爲凶徒對治、下著松浦《（肥前國松浦郡）》之處、最前被馳參之條、尤以神妙、此趣可注進之狀如件、

應安四年十一月廿一日　中務少輔《（今川賴泰）》（花押）

長田次郎四郎殿

七五九　今川賴泰感狀　○有浦文書

長田小三郎ノ軍忠ヲ賞ス

爲凶徒對治、下著松浦《（肥前國松浦郡）》之處、最前被馳參之條、尤以神妙、此趣可注進之狀如件、

應安四年十一月廿一日　　中務少輔(今川頼泰)（花押）

長田小三郎殿

七六〇　今川頼泰感狀

○斑島文書

柚崎彦三郎ノ軍忠ヲ賞ス

爲凶徒對治、下著松浦(肥前國松浦郡)之處、最前被馳參之條、尤以神妙、此趣可注進之狀如件、

應安四年十一月廿一日　　中務少輔(今川頼泰)（花押）

柚崎彦三郎殿

七六一　江傳寄進狀

○河上神社文書

河上社ニ安富河嶋内田地五段ヲ寄進ス

(端裏書)「松浦宇久江殿寄進狀」

奉寄進

肥前國河上社(佐嘉郡)

安富(佐嘉郡)河嶋内田地五段事、

右、志趣者、爲家門安穩、子孫繁唱〔昌〕、所願成就、國土泰平、萬人豊樂也、仍寄進狀如件、

建德貳年十二月廿三日　　源傳〔江〕（花押）

七六二　今川了俊下向以後著到交名案※　○詫摩文書

松浦人々今川了俊ノ下ニ馳參ズ

少貳　　麻生筑前々〔人脱カ〕

千葉　　宗像

　　　　原田

菊池兩人（武朝 貞□）　　底井野

　　　　頓野

勝一揆（大村 白石 平井 蒲池 多久）　　橘家人々

三池　　後藤人々

河尻　　日田

宇土　　松浦人々中

木山　　彼杵人々

詫摩　　高來人々

筑後國人々
秋月
了俊判（今川貞世）
以上
尤神妙也、
御判

七六二　龍造寺熊龍丸軍忠狀

○龍造寺文書

呼子津・金屋・相知ニ馳參ズ

肥前國龍造寺熊龍丸（家是）申軍忠事、

右、大將（今川頼泰）鎭西御向之時馳參、去十一月廿二日、呼子津（松浦郡）・金屋（松浦郡）・相知（松浦郡）・待（小城郡）・女山（小城郡）・塚崎（杵島郡）城幷今月十三日、烏帽子嶽（杵島郡）御合戰之時、對于大手菊池次郎（武政）、抽戰功訖、然早預御判、爲備後代龜鏡、粗言上如件、

應安五年二月　日

「承了、（花押）（今川頼泰）」

七六四　斑嶋地頭尼代某軍忠状　○有浦文書

斑嶋地頭尼代呼子津ニ馳參ズ

松浦斑嶋地頭尼代左近太□〔郎〕□□□

右、爲凶徒對治　御下着肥前國松浦(松浦郡)呼子□□□年來忠勤、馳參最前□□□御陣□□□十二月廿七日、同國(杵島郡)塚崎庄牟留井城責御合戰□□〔之時〕致軍忠、左ノヒサロ射疵、右ノスネ打疵、此條勘文狀炳焉也、幷□□□〔今月十〕三日、同庄(杵島郡)鳥帽子嶽御合戰之時、惣□□□□然早任傍例、下賜御判、備將來龜鏡、□〔爲〕施面目、粗謹言上如件、

應安五年二月　日

「承了、(今川賴泰)(花押)」

七六五　佐志長・孝阿連署書狀　○有浦文書

佐志長・孝阿等一族中ノ一大事沙汰ノタメ一揆ス

くハうならひにまたらしま(肥前國松浦郡)の事いけ、一そくちうの一大事さたのために、らい廿日、上下のすちうよりあわるへく候、かのくわいそニ御もんそ御すたいあるへきよし一き候、恐々謹言、

三月十七日（應安五年カ）　孝阿（花押）
長（佐志）（花押）

斑嶋氏

斑嶋四郎（厚）殿跡

七六六　宇久覺書狀案

○青方文書

青方氏ノ同心ヲ求ム

御同心候や、悦喜申て候、次上有河爲□□□御さいそくも候ハゝ、可輒□□、いまゝてとゝこほり候、御心もなく（と脱カ）存候、一とハ身ひか事申候とも、御もちゐ候ハゝ、畏入へく候處ニ、理運令申たに、不被懸御意候之間、一向御内をうらミ令存候、次之時ハ可然之樣、御さいそく候ハゝ、悦存候、恐惶謹言、

五月十日（文中元年カ）　覺（宇久）（花押影）

青方（固）殿

松▨殿

七六七　佐志長等連署書狀

○有浦文書

佐志長等一揆ス

河副庄(肥前國佐嘉郡)福田名內志佐下彌次郎跡一人分事、爲未給之間、一族一同之狀所預置也、任先規可
被致沙汰之由、所一揆候也、恐々謹言、

應安五
七月廿二日　□(花押)

勤

長(佐志)(花押)

寺田与三(佐志授カ)殿

七六八　宇久覺書狀案

○青方文書

征西將軍宮方ヘノ煩ヒハ許用アルベカラズ

奔走□□覺候、□□れを□しとめして、兩時斗諫言にて候、肝要仰に候、公方のわつらい
□(にカ)なり候ハんする時ハ、金吾(今川頼泰)・治部少輔(今川義範)ニて□(候カ)とも、不可有御許用之由、おひたゝしき御
誓言にて候、諸事可令察給候、相構〳〵上意ニ違候はぬやうに、又御方人となるましきや
うに御斗候て、無爲ニなり候ハヽ、公私可然之由、妙存ニ萬御披露あるへく候、たゝし一

家ニ而前の方人ニなり候事、現形候ハんときハ、いかに公方より仰られ候とも、不可然儀
候、恐々謹言、
(文中元年カ)
十月三日　覺(宇久)(花押影)
松尾殿(剛)
安永殿

松尾氏
安永氏

青方固ト同道ス

七六九　宇久覺書狀案

○青方文書

(端裏墨引)
「――」

御くわひしんニおほしめし候て、これまで御使よろこひ入候、あいかまへて〳〵可申
候、御こゑあるへく候、
態御使あつかり候、悦入候、大事ニ申へき事、か程にきのふ人以まいらせて候へハ、物と
御いて候、むねんニ存候、いかやうの御さしあい候とも、ミやりふけうに、しんさへもん(青方固カ)
との御同道候て、御こゑ候、申へき事候程申入候、相構〳〵人をハまいらすましく候、せ
との事、其後何事も不承候、御こゑの時、くハしく申うけ給へく候、恐々謹言、

（文中元年カ）十月三日　覺（宇久）（花押影）

○青方文書

七七〇　青方某書状案※

（包紙ウハ書）
（端裏書）
『「□（あカ）をかた殿

御返事　覺」

宇久殿御方ニ　重々』

平戸入部ノ事
征西将軍宮方ノ上意ヲ仰グ

又色々の茶子御意ニかけられ候て給候條恐悦候、しろいほ殿御かたへも、おなしく申入候、狀之躰恐入へく候、

御つきの事ハ、此御狀に申候て、承て候へ、一兩日さる便宜の候し程に、御親父自御方委細預御狀候之間、悦喜仕候處、重而御狀難申盡悦入存候、兼又平戸（肥前國松浦郡）入部の事、上意おあふき申事にて候間、重公方御さ右を待申候、若無相違候ハヽ、多年の本意にて候間、一人にて候とも、罷入へく候、先是より申入る子細共候に、」

七七一　征西將軍宮令旨案

○青方文書

青方固ノ軍忠ヲ賞ス

於烏帽子嶽（肥前國杵島郡）・有智山（筑前國御笠郡）・高良山（筑後國御井郡）御陣致忠節之條、尤神妙、彌可抽戰功之狀、依　仰（懷良親王）執達如件、

文中元年十月廿三日　　　左少將（池尻胤房）（花押影）

青方新左衞門尉（固）殿

七七二　五島住人等一揆契諾狀案

○青方文書

宇久・有河・青方・多尾一族等一揆契諾ヲ結ブ

（宇久・有河・青方・多尾一族等）
□□□□□□□□□□
（契約條々）
□□□□

□（一、）君御大事時者、成一味同心之思、於一□（所）可抽軍忠、聊不可有思々儀矣、

□（一、）於此人數中、所務弓箭以下相論出來時者、加談合、依多分之儀、可被相許、若有異儀輩者、不依緣者重緣、一同可爲道理方人云々、次於此中、就公私一人大事者、面々一同大事可被思者也矣、

一、此人數中有沙汰時、不依兄弟俶（叔）甥緣者他人、理運非儀意見不殘（可）心底者也矣、猶々不可有

偏頗私曲、

一、此人數於多分之儀違背輩者、於向後、此人數中於永可被擯出者也矣、

一、郎從以下中仁雖珍事狼藉出來、不相待多分之儀、爲一人不可遂宿意云々矣、

若此條僞申候者、

八幡大菩薩・天滿大自在天神御罰於可蒙候、仍連署誓文如件、

應安六年五月六日 孔子次第

稱（花押影）

（有河）全（花押影）

頓阿（花押影）

（有河）道阿（花押影）

（神崎）能阿（花押影）

來阿（花押影）

（松尾）剛（花押影）

（青方）重（花押影）

弘（花押影）

（宇久高瀨）廣（花押影）

有河氏

神崎氏

松尾氏

青方氏

宇久氏

青方氏

鮎河氏

秀　（花押影）
固（青方）（花押影）
禪芳（花押影）
聞
增
三　（花押影）
祝
撰
興阿
直（鮎河）（花押影）
遊
有　（花押影）
性智（花押影）
省　（花押影）
教阿（花押影）

集（花押影）
深（花押影）
安
清（花押影）
長
備（花押影）
覺（宇久）（花押影）
宇久氏

七七三　今川了俊軍勢催促狀案

○鮎川文書

鮎河但馬介ニ軍勢催促ス

馳參御方致忠節者、本領不可有相違、有別功者、可被抽賞之狀如件、

應安六年七月十八日　沙彌（今川貞世・了俊）（花押影）

鮎河但馬介殿

七七四　青方重沽却狀案

○青方文書

所領所職ヲ一貫五百文ニテ沽却ス

うり□□（わた）すところ［　　］
ころひせんのくにう□□□□□□（ののみくりやのカ）
うちこたうにしう□□（らめカ）［　　］
なまのよいちかたうしのいや［　　］
こはたけのこと［　　］
右、ところしけし（青方重）かちうたいさうてんのしりやうなり、一くわん五百文にうりわたすところ實なり、しんしか《さ》かいハ∩《ミ》なミにしハいまのたていしのまゝ、きたハふる□□（かわカ）のまゝ、このうちしゝそん〳〵にいたるまて、たのさまたけなくゑいたいをかきてちきやうせられ候ハんに、しけしかしそんいさゝかいらんあるましく候、よてかのところうらんときてきはうにうるへからす、のちのためにうりけんの狀如件、

おうあん六ねん九月二日　重（青方）

七七五　今川了俊書下　○斑島文書

波多祝ニ參陣ヲ命ズ

筑前國怡土(怡土郡)志摩庄内井田原(志摩郡)事、無是非令亂入取城槨云々、子細何樣事哉、所詮、先破却當城可被參陣、於理非者、出帶文書、可被明申、若尚及異儀者、任法可有其沙汰之狀如件、

應安六年九月廿九日　沙彌(今川貞世・了俊)(花押)

松浦有浦(波多祝)殿

七七六　今川了俊書狀寫　○有浦文書

波多祝ノ亂入ヲ止ム

伊田原(筑前國志摩郡)事、先立度々被仰候處、地下城事者、可被候由承候き、致地下者、就沙汰可有是非候間、先亂入之儀をとゝめらるへきよし申候き、此間所々の依与力、無在陣候之間、于今不被仰候、不日ニ地下御代官事、可被留候、返々亂候儀不可然候、委細尚以齋藤申候、恐々謹言、

閏十月廿二日(應安六年)　了俊(今川貞世)(花押)

有浦(波多祝)殿

波多祝ノ征西将軍宮方ヘノ與同ヲ防グ文書ノ理運ニヨルベシ

○有浦文書

七七七　今川頼泰書状写

入見參雖申度候、先委細以兩人申候、伊田平間（筑前國志摩郡）事、波多下野（廣）方雖歎申候、御友候之間、所詮、先上方ニ被點置候、可依御文書之理運候也、御內御事者、將軍家知行不可有子細候、其間者、先是ほとの所迄、一所預申へく候、就是非は、此所の事御敵方へ渡事ハ、伊勢大神宮・八幡も御覽候へ、堅あるましく候、今御一家としりつゝ、此少所ゆへに及珍事候段、人目實歎入候間、如此令申候也、委細之旨兩使可申候、恐々謹言、

（應安六年）十二月十二日　頼泰（今川）（花押）

有浦殿（波多祝）

筑前國板持莊ヘノ違亂ヲ停止セシム

○御供屋文書

七七八　今川了俊書下

天滿宮（筑前國御笠郡）雜掌申筑前坂（板）持庄（志摩郡）同吉富事、度々被仰之處、猶以違亂云々、太不可然、所詮、不日可被停止其妨、若不事行者、可有殊沙汰之狀如件、

應安七年四月五日　沙彌（今川貞世・了俊）（花押）

松浦庭〔馬〕場參河權守殿

松浦中村若狹權守殿

馬場氏

中村氏

宇久氏ト有河氏ノ網ノ得分ニツイテノ相論ヲ寄合裁ク

神崎氏

七七九　稱・頓阿連署押書狀案　○青方文書

「□□《かう》さきのいや三□□《らうに》うたうのう□□《あそ》うろんすしけ《青方重カ》しりやうないの□□□一てうか五ふん壹の事、あみかす□□□によて、かの五ふん壹のとくふん□□しのかたよりいたされす候を、□□青方の人すさはく候ところに□□□のう阿文書をいたされ□□《す候カ》、よてらきよセす候あいた、別儀□□論物をしよまうつかまつりさは□□《くカ》申ニかゝりおき候、宇久・有河□□申そろわれて候ハん時、かさねてさた□□文書のりひにまかセてらきよ候へく候、□□《書》〻状如件、

應安七年五月廿八日　稱　（花押影）

頓阿（花押影）」

松浦波多ニ野心アリト聞ユ
侍嶋ニ陣ス

七八〇　島津氏久書状

○禰寝文書

爲公方御意、大寺入道飛脚今日巳時下着候、今月三日、御敵渡河志司に被陣候、六七百騎候云々、兼又少貳此間菟角之荒説候けるか、去月廿八日侍嶋(筑後國三瀦郡)被陣、合戰次第申談候、松浦波多も野心之由、聞候けるか、可參陣仕之旨、注進申候之由、御内書に見えて候、所詮、凶徒退治、此時分候之由仰候ハヽ、一日も早々可罷上之由承候之間、來廿四五日必可罷立候、爲御存知申候、將又、多禰嶋(大隅國熊毛郡)へ急速申遣事候、此狀以早船、御計候者悅入候、恐々謹言、

(應安七年カ)八月十九日　　氏久(島津)(花押)

禰寝右馬助殿(久清)

「(切封)(墨引)」

大河内宥所々ニテ軍忠ヲ抽ンヅ

七八一　大河内宥軍忠狀

○大河内文書

大河内豊後權守宥申軍忠事、

□□□同□吉八町嶋（筑後國御井郡）御陣宿□□□門御渡御共仕、石垣（竹野郡）・麥生（竹野郡）・藤□（山）（御井郡）□□後御發向之間、令供奉、大□□□（水山關）（肥後國玉名郡）警固、目野（玉名郡）御陣仁越年仕、於□□御陣不退在陣、夙夜忠勤無斷絕□□□下□御判、爲備後證、粗言上□□（如件）、

□□□（應安八カ）年四月　日

「承了、（花押）」

七八二　宇久松熊丸等連署押書狀案

○青方文書

中浦目內宿浦ニツイテ押書狀ヲ出ス

中浦目內宿浦（肥前國松浦郡）事、志佐方所□知行御事に候之處ニ、屋敷三□名付有別帋、一圓知行候によて、有河殿申され候といゑとも、無承引、先□令糺給候ニよて、及難儀候間、先宇久松熊（勝）殿中途□□□され候、理非の事ハ追志佐□（殿カ）申被談候て、可有落居候、若此條僞申候者、八幡大菩薩御罰於可蒙罷候、仍押書狀如件、

志佐氏

宇久氏

應安八年六月十九日　松熊丸（宇久）

滿　（花押影）

童名之間

榮俊（花押影）

七八三　宿浦東浦屋敷注文案※

○青方文書

（端裏書）「□〔しカ〕ゆくのうらのや□□〔しきカ〕の□〔事カ〕」

宿浦〔肥前國松浦郡〕ひんかしうらの屋敷の事、

一所　しやうねんかやしき、いまはまゐた殿居住、

一所　えもん三郎かやしき、六郎三郎か居住、

一所　せんかくかやしき、同六郎三郎か居住、

一所　こん二郎いまもりやうはうの公事やしき、

一所《所》　きやうほういまもりやうはうの公事やしき、

一所　ひこ太郎かやしき、

一所　大宮司か公事やしき、おん阿ミた佛居住、

一所　けん二郎、《つきい二郎のやしき、》

一所　□〔お〕ん阿ミた佛、

七八四　深堀時廣軍忠狀　○深堀文書

今川頼泰松浦著岸ニツキ馳參ズ

肥前國彼杵(彼杵郡)庄深堀掃部助時廣申軍□□(忠事)、
□(右カ)、御大將(今川頼泰)九州凶徒爲御退治、肥前國松浦(松浦郡)津去應安四□□□□□□□(年十一月十九日カ)着岸之間、松浦參御迎、同十二月廿七日、塚崎庄(杵島郡)牟留井□□□(城合戰)致忠勤、同五年二月十三日、烏帽子嶽(杵島郡)御陣凶徒寄來之時御□□□□□□□(合戰仕、長嶋庄御)立之時御供仕、蜷打(佐嘉郡)・佐野(筑前國御笠郡)御陣、後筑□□□□□□(後國北野御合)(御井郡)戰、後酒見(三潴郡)城罷籠、參城山(肥前國基肄郡)、其後高來郡(肥前國)凶徒御退治之時、□□(於カ)陣致忠節、去年應安七年八月、凶徒渡河之由承及之□□(間カ)陣令在陣、同十一月十二日、被渡河、石桓(垣)(竹野郡)・麥生(竹野郡)・黑木(上妻郡)・藤山(御井郡)・肥□□□(後國於カ)目野(玉名郡)御陣致宿直、後日岡(山鹿郡)參御陣、同七月十二日、今水嶋(菊池郡)御□(陣)御共(供)仕、令在陣候訖、然早下賜御判、備後證、彌□□□□□(爲成弓箭勇)、粗言上如件、

永和元年七月　日

「承了、(花押)(今川頼泰)」

七八五　今川頼泰預ケ狀　○山代文書

山代豊前守ニ筑前國綱分領家職半分幷ニ豊前國弓削田領家職ヲ兵糧料所トシテ預ケ置ク

筑前國繩(綱カ)分(嘉摩郡)領家職半分幷豊前國弓削田(田河郡)領家職事、爲兵糧粮所、々預置也者、守先例、可致其沙汰之状如件、

永和元年十二月十七日　右衛門佐(今川頼泰)(花押)

山代豊前守殿

○斑島文書

七八六　今川了俊書状寫

波多祝ニ近日大將ヲ差遣ス旨ヲ傳フ

一家御方々ヲ注進アルベシ

新春吉事最前申籠候了、

抑波多三(武)郎事、多分現形之由聞候、宮方(懐良親王)舟等事出入之由承及候、まつ舟路事・舟改口々等事、急々可有御沙汰候哉、とても又於地下、御一家人々皆以無二之御さたともにて候なる間、目出候、然者爲公私候上者、御方深重の人々相共ニ、まつ波多分所に被馳寄候て、此方の勢到來を御待候へく候、近日大將を可差遣候、郡内躰、連々一家御方々可有注進候哉、相共に承候者悦入候、恐々謹言、

(永和二年)正月十六日　了俊(今川貞世)(花押影)

有浦殿(波多祝)

七八七　今川了俊書状寫

○阿蘇家文書

改年吉兆最前申籠候了、抑細々可申候處、路次不通候間、不久申候ニ、此御音信、返々目出候〳〵、京都御合力事ハ、まつ大内入道(弘世・道階)ニ被仰候て、年内可渡海之由、以兩使仰られて候へとも、かい〳〵しく申さす候間、大内新介(義弘)渡海候、これハ父子中たかひ候ほとに、むねといくさし候物とも、一族家人三百よ人同心候て、豊後ニ越候て、吉弘入道(氏輔・一曇)相共ニ豊前ニ打越候て、少弼(今川氏兼)か野中(下毛郡)鄕司か城ニ候と、一ニなり合候て、筑前如に可打出之由、申定て候間、その左右ニ付て、近日ニこれも陳を肥前國符(府)(佐嘉郡)ニとりむかへ候へく候、これの一左右付ニて、いそき〳〵申へく候、菊池もしこなたニむかひ候ハ、、そのひまニそのへんニ御うち出候て、やきハらハるへく候、こなたの事ハ御心やすく候へく候、

松浦事ハ波多一人心替ス二三日中ニ軍勢ヲ遣シ退治スベシ

一、松浦事ハ波多一人心替候間、煩なく候、一そくとも一同ニ申子細候間、二三日中ニ勢をつかハし候て、可對治候、やかていと(筑前國怡土郡・志摩郡)・志ま邊の事もさたし候へく候、子細候ましく候、

一、京の御合力の事ハ、將軍(足利義滿)の御おとヽ若君(足利滿詮)御下向候つきニ治定候、すてニ御下思ほしめし候て、御ともの人々以下さヽれて候、大内入道か御返事ニ付て、御□□候へく候にて候

ける間、としあけニ立ハ、二月中ハ必々まかりつけ申候ぬと、目出候、我等かとくまかり出候ハんと存候、さたニもしハらくこらへ候て、京の御合力の後、うち出候へと仰かふりて候へとも、あまり無念ニ候間、まつうち出候ハヽ、一合戰仕へく候、御同心候へく候、

一、當社神領寄進事承候了、かやうの事ハ、京の御判にてあるへく候間、よのつねのやうにニあつけ所ニハ、神の御事にて候ほとにしかるへからす、かやうニ御申候上ハ、まつかやうニしたゝめ候て、寄進申候、目出候、たゝし河尻（飽田郡）か事ハ、又御方ニまいるへく候よし申けニ候へとも、れい式かと存候、あとさき近所の物ともの事ハ、それにてよく〳〵御すかし候て、同心ニなされ候て、このたひの御大事ニ御合力候へく候、所詮、京の事ハ御たのもしくおほしめし候へく候、中〳〵このたひかやうニつくしのなりて候事、京の御さたのためハ目出こそ候へ、恐々謹言、

（永和二年）正月廿三日　　　了俊（今川貞世）花押

阿蘇大宮司（惟村）殿（肥後國阿蘇郡）
御返事

七八八　今川了俊書下案

○伊萬里文書

大河野聖本跡ヲ伊萬里貞ニ沙汰付ク

松浦伊萬里中務丞貞申肥前國松浦《(松浦郡)》大河野對馬入道聖本跡事、任相傳旨、沙汰付下地於貞、可執進請取之狀如件、

永和二年二月十四日　　　沙彌《(今川貞世・了俊)》(花押影)

松浦大河野豐《(有)》前權守殿

七八九　今川了俊書狀

○古文書時代鑑續上所收

佐志氏ニ中賀野義貝ヲ黑河ニ遣ス旨ヲ傳フ

黑河《(肥前國松浦郡)》に中賀野五郎《(義貝カ)》遣て候、あまり〻無勢候間、まつ昨日ハ伊萬里《(松浦郡)》まて越て候よし申て候、此上ハいそき有浦殿《(波多祝)》〻御手の人々そへられ候て、つかハされ候へく候、かねても申て候しことく、しかるへく候、あれの事ハ一向ハからい候て、給候へく候、恐々謹言、

二月十五日《(永和二年)》　　　了俊《(今川貞世)》(花押)

佐志殿

七九〇　中賀野義員書状寫　○有浦文書

伊萬里浦内中原ニ到著ス

寄合申シ一味申談ズベシ

為波多《(肥前國松浦郡)》凶徒、此境ニ可罷下之由、被仰下候之間、今月十三日、伊萬里《(松浦郡)》浦内中原と中ところへ罷着候て候、御教書一通下給候、御心へのため候《(にカ)》案文進候、在國人々あまた御渡候といへとも、御事ハ波多の御領主候間、諸事被申談、可被沙汰之由承候、よて御事かきにもこのおもむきニて候、定てそれよりもさいそく候らん、随而いつれにいつのひまいりあい候へきよし、此御返事にもうけ給、又それよりも使者を給、これよりもかさねて人をしんし候て、安堵をさため、よりあい申、一みち申たんすへく候、恐々謹言、

二月《(永和二年)》十八日　義員《(中賀野カ)》（花押影）

有浦《(波多祝)》殿

七九一　今川頼泰書状　○有浦文書

松浦人々ト重テ子細ヲ申談ジ此方ヨリノ左右ヲ待ツベシ

佐志方へ便宜御状委細承候了、兼又黒河《(肥前國松浦郡)》向用害事、松浦の人々重て申談子細候、其左右之間ハ、其にて可有御待候、御定日けんハこれより可申候、有浦方にも此由を可仰候、尚々

自是左右之間、御待候へく候、恐々謹言、

(永和二年)三月二日　　　　(今川)頼泰（花押）

中賀野(義員ヵ)五郎殿

「(墨引)」

七九二　今川了俊書状寫　○阿蘇家文書

肥後國人々少々蒲地(池)(筑後國山門郡)城衆ニて(マヽ)候、御打出時分ハそへ申へく候、昨日詫磨(肥後國託麻郡)下向候し、定それへ馳加申へく候歟、

松浦路ニテ兩方勢向合フ

先日委細令申候、參着候哉、如何當陳事不及合戰候、兩方取城候間、無左右破かたく候、さりなから此敵等當陳ニて對治候やうニ沙汰仕たく候間、廻方便候、松浦路(肥前國松浦郡)ニも兩方勢向合候、これも當陳の合戰落居ニよるへく候歟、

一、この時分ニ、いかニもして肥後國事、一途候やうニ御計候者可目出候、玖磨(球磨郡)物共一揆候て、八代(八代郡)ニ可打出由申候へとも、いまた無其儀候、河尻(飽田郡)も領狀申て候へとも、いまた弟一人敵陣ニ候、御舟も可參御方之由、堅申候なから、今及現形候、宇土(宇土郡)同前候、筑後國

ニハ多分御方ニ參候へき物おほく候へとも、一方つよくとり立候へき人候ハぬほとに、時分を相待候けニ候、何とも御籌策候て、此時勢をまとめられ候て、御打出候へく候、高來(肥前國高來郡)大將今川兵部大輔(滿範)それへ罷越候て、可申合力之由申候之間、それの御左右をも承定候ハんとて、又人を進申候、御談合候て、御ハからひあるへく候、高來ニて合戰候よし聞候へとも、それニよるへからす候、

一、玖磨物共方へも、それより御さいそく候て、急々打出へきよし仰候て、兩方より御出合候やうに、御さた候へく候、そなたの事御打出候ハ、、やかてこれの合戰をもみ候へく候、一向それの事ハ、御方便をたのミ申候也、恐々謹言、

(永和二年)五月七日　　　　了俊(今川貞世)花押

阿曾(肥後國阿蘇郡)大宮司(惟村)殿

七九三　藤原資康奉口宣案

○有浦文書

(端書)「口宣案」

上卿御子左中納言(藤原爲遠)

永和二年十月七日　宣旨

波多祝ヲ大和権守ニ任ズ

源（波多）祝

宜任大和權守

藏人頭右大辨兼近江守藤原（日野）資康奉

七九四　大河內宥申狀案　○大河內文書

伊萬里浦大河內村恆吉女子押領分田園・在家等ニツキ裁許ニ預ランコトヲ言上ス

（肥前國松浦郡）松浦伊萬里大河內豐後權守宥重言上、

欲早且依譜代相傳本證文并次第手繼狀等實、且任將軍家（足利義滿）裏書御下知旨、被止恆吉女子謀陳、預御裁許、肥前國下松浦伊萬里浦大河內村內恆吉女子押領分田薗・在家等事、

副進

一通　御下文、嘉元三年四月六日、榮範拜領之、

五通　讓狀、

一卷　軍忠證狀等、數通略之、

右、如恆吉女子謀陳者、帶代々御下知云々、此條無跡形□□□（不實也）、其故者、榮範（津吉）爲弘安賞、

宇佐氏ト津吉紏和與ス

令拜領、嘉元三年四月六日□□〔御下〕文者、覺今者死去、・宥次第相傳之間、進覽之、次恆吉女子、□〔以〕□□〔代官致〕、忠勤云々、此條、於覺者、先生將軍〔足利尊氏〕鎭西御下向之時、□□□〔抽軍功〕、同御上洛之時、御共〔供〕仕、勵忠貞之上、至當御代□□□〔者、宥自〕最前一族同心、致戰功之條、御感御一見狀等歷然也、□□□〔加之宥〕舍弟宇仁彈正左衞門尉筑後國北鄉合戰仁討死、相共宥愚息小次郎號掃部助、不退奉公之處、彼大河內村內恆吉女子押領之間、依爲宥當知行少分之地、疲勞至極也、覺・宥京都・九州相續軍忠与恆吉女子當御代計軍役、豈可有御對揚乎、次宇佐氏与津吉三郎紏令和与云々、此條恆吉女子所進狀等者、元德元年十二月廿五日鎭西御下知、文保元年十月一日和与狀也、紏正和二年令讓与覺之上者、爭以文保年中可令和与宇佐氏哉、是一、次紏嫡孫月与宇佐氏孫女令相嫁刻、構出內通、表裏狀歟、是二、次以評定日、被成御下知者定法也、兩評定者正中二年云々、御下知者元德元年十二月廿五日云々、何迗數年、以正中評定、元德可被成御下知哉、併內通表裏露顯所見也是三、悉以奉仰天察者也、然者被奇〔棄〕捐恆吉女子謀陳、至押領分者、蒙御成敗、全知行、益爲播武勇、重言上如件、

永和二年十月　日

波多助三郎凶徒トナリ楯籠ル

下地ヲ伊萬里貞ニ沙汰付クベシ

相知氏

中山氏

波多祝ニ公驗ノ出帯ヲ命ズ

七九五　今川了俊書下案

○伊萬里文書

松浦伊萬里中務丞貞申肥前國松浦(松浦郡)大河野對馬入道聖本跡向村事、任相傳之旨、先度成敗畢、而波多助三郎爲凶徒、楯籠當所間、加對治、知行不可有相違之處、大河野豊(有)前權守違亂云々、爲事實者、太不可然、不日退彼妨、沙汰付下地於貞、可被執進請取之狀如件、

永和三年三月十二日　沙彌(今川貞世・了俊)判

相知美濃權守殿

相知中山備前權守殿

七九六　今川了俊書下

○有浦文書

筑後國三池(三毛郡)本鄉內波多下野守(廣)幷有田跡號廿木、事、爲闕所否、所有其沙汰也、不日出帯公驗、可被明申之狀如件、

永和三年三月十六日　沙彌(今川貞世・了俊)(花押)

波多有(祝)浦殿

鰹網・鮪網・海豚網知行スベシ

七九七　青方重置文案

○青方文書

かつをあミ、しひあみ、ゆるかあみ、ちからあらハせう〱ハ人をもかり候いて、しいたしてちきやうすへし、

ゑいわ三年三月十七日　　重〔青方〕

次男青方彦四郎ニ青方内田畠・屋敷・網・鹽屋・牧以下ヲ譲ル

七九八　青方重譲状案

○青方文書

□□□□□□〔ゆつりあたう〕しなんひこ四らうか□□□□〔ところにカ〕

ひせんのくにゝしうら〔松浦郡〕へあをかたのうちのて□〔ん〕はく・やしき・あミ・しをや・まきいけの事、

一、やしきハはまくまのたちくしまこ二らう□〔か〕やしき、ひんかしハめんのまゝ、ミなミハそゐとのゝさかい、にしハしをのミちきハ、きたハしまとの□□□□□のこの三人かさかいこのうちちきやうすへし、

栗林

一、くりやはしの事、こもて候人のくまれ□□かハよりさかいハ、ひんかしハたいたう、□□□□〔ミなミ八〕むたのかしらをすくういまのたていしのもとにふミとをして、にしハミそくたり、□□□〔きた八〕いまのたていしよりすくうたいたうにふミとおして、このうちおちきやうすへし、

青方屋敷

一、あをかたのやしきハ、いや四らうかたう□□□やしき、ひんかしハいまのうつき、ミなミハきし、にしハかハち、きたおなしきかわこのち〔き脱カ〕やうす□□〔へしカ〕、

九郎丸作

一、九らう丸かつくり、たう〇《なし》のたミつのおよはんかきりひらくへし、おなしきたうなしのたのしりのたらう四らうかつくり□□□ちきやうすへし、

大宮司作

一、ミやのわきの大くうしかつくりのまつたちきやうすへし、ミつのおよはんかきりハひらくへし、

青方重作

一、□さかわのしけしかつくり、ひんかしハたうしほりまりて候かわくたり、三たたのくなくたり、大くうしかたのくなくたり、こ□□つかわのしりのうこんのセうかひらき□□□〔ふみとカ〕めて、にしハこうつかりのうゑのひたをふミあけて、きたハやまそいのおくたり、かわちにふミおとしてちきやうすへし、たゝしこのうち三たたのかしらのさこんのにうた□〔うカ〕のひらきハ、そうりやうちきやうすへ□〔しカ〕、

惣領知行
白魚堺

一、そうりやうのちきやうによて、もとくらをあちかわのあいのかわちより、しろいをさかいにいたるまてちきやうすへし、

鹽屋

一、しをやの事、そうりやうのセそかす□二人いるゝすへし、

網

一、かつをあミ・しひあミ・ゆるかあミ・ちからあらハせう〱ハ人をもかたらいて、しいたしてちきやうすへし、

牧

一、まきの事、そうりやうのまきにむまはなすへし、うしはなさんまきにハ、うしはなす□□〔へしカ〕、しまにハしうけに一ねんにこまにひきはなすへし、おれしまにハいひきはなすへし、

祝言島
折島

青方栗林

一、あをかたのくりはやしの事、かわちのいりくちのおういわのおのほり、ひたおにふミあけて、これよりにしのかたのくりをとるへし、

山野・海邊ノ漁取・薪・材木・船板

□〔一、〕さんや・かいへんのそなとり、たきゝ・さいもく・ふないたいけ、くそくせいのかきりにあらす、たゝしいや四らうもしおのこゝもたすハ、いや四□□〔らう〕にゆつるところ、ひこ四らうちきやうすへし、ひこ四らうもしをのこゝもたすハ、ひこ四らうにゆつるところいや四らうちきやうすへし、ことも二人にゆつるところ、しけしかしそんよりほかにた人にこきやくを□□〔するカ〕へから〔す脱〕、せふんにてもいましめをそむきて、た人ニこきやくせしめハ、きやうたいのなかに申給へきなり、

重ノ子孫以外ノ他人ニ沽却スベカラズ

公事ハ百分一惣領ニ寄合フベシ

一、御くうしハひやくふん一そうりやう《(青方固)》によりあうへし、よてしやうらいきけいのため□《(にカ)》ゆつりしやう如件、

ゑいハ三年三月十七日　しけし《(青方重)》

七九九　鮎河道圓・鮎河昵連署沽却状案　○青方文書

青方浦ノ網代ヲ青方氏ニ二十三貫文ニテ沽却ス　赤濱網代・波解崎ノ崎網代・祝言島前倉網代

うりわたし申候ところニひせんのくににしうら《(松浦郡)》へあをかたのうらのあしろ事、

右、ところハたか《(青方)》つくのしや□□まかせて、あ□《か》□《は》まのかますあしろの一はん・二はんおなんし申候ところに、うく・ありかわの一そくのさたとして、あかはまの三はんあしろ・はけさきのさきのあしろ・しうけのさいくらのあしろ、これ三をたうゑんにちきやうつかまつり候お、よう〳〵候によて、あおかたとのにゑいたいをかきて二十三くわんもんにうりわたし申候ところしつなり、さん〳〵いのあしろのことハ、ほんしよもんにまかセて、たうゑんちきやうつかまつるへく候、たゝしたうゑんちきやうのうちのあミ一てうのうち、五ふん五ふん一、つるとののほんしよもんにまかセて、ち《(き脱カ)》やうあるへく候、これハのそけ申候て、うり申さす候、たゝしこさいわ、たうゑん一ゑんのとくふんにて

候あいた、あをかたとのいちゑんにめさるへく候、このくたんの三のあしろハ、たうゑんかちうたいさうてんのところにて候あいた、あをかたとのにゑいたいをかきてうりわたし申候、するゑかく〱まて御ちきやうあるへく候、
一、三のあしろのこと、うく・ありかわの一そくのあつしよしやうおそへてまいらせ候、こなたのようのときハ、なんときにて候とも申へく候、そのときハいきなく給候へく候、たうゑんかしゝそん〱にいたるまて、いらんわつらい申ましく候、よてのちのためにうりけんのしやうくたんのことし、

ゑいわ三ねん四月十五日

(鮎河道圓)しあミたうゑん（花押影）
(鮎河昵カ)しそくひやう四らう（花押影）

八〇〇　今川了俊書下案

○伊萬里文書

伊萬里貞ニ大河野向村下地ヲ沙汰付ケシム

松浦伊萬里中務丞貞申肥前國(松浦郡)大河野向村事、度々被仰之處、大河(野脱)豐前權守有尙以違亂之由、使節注進披見畢、太不可然、就相傳文書、成敗之處、無理押領之、好而招其咎歟、所詮、重莅彼所、可被沙汰付下地於貞、若猶不事行者、可有殊沙汰之狀如件、

永和三年五月十九日　沙彌《今川貞世・了俊》（花押影）

松浦相知美濃權守殿

相知氏

神崎氏ニ網代ヲ二貫三百文ニテ永代賣渡ス
鰤網代・赤濱三番網代・波解崎ノ崎網代・祝言島前倉網代

八〇一　青方進沽却状案

○青方文書

うりわたしまいらせ候ひせんのくに《松浦郡》五たうあをかたのうらのかますあしろ・あか□□□《はま三カ》はんあしろ・はけさきのさきのあしろ・し□□□《うけのカ》さいくらのあしろの事、

右、ところこの三ハあいかわとのちきやう□《五カ》ふん五ふん一ハすゝむ《青方》かちうたいさうてん□□□《のところ》なり、しかるあいたやう〱候によて、かう□□□□《さきとのカ》ゐいたいをかきて二くわん三百もんにうり□□□《わたしカ》申候ところなり、あかはまの三はんあし□《ろ》三はん・六はん・九はんまでもゐいたいを□□□《かきて》うりわたし申候うゐハ、すゝむかしゝそん〱ニいたるまでも、このところにいらんを申ま□□□《しく候》、よてのちのためにうりけんの狀くたんのことし、

ゐいわ三ねん六月一日　源す□□□□《青方進》《ゝむ》（花押影）

五郎□□□

大嶋政所々ニテ軍忠ヲ抽ンヅ

八〇二　大嶋政軍忠狀

○來島文書

松浦大嶋隼人允政申軍忠事、

右、去六月馳參肥後國志々木原（山鹿郡）御陣、致宿直、大水山（玉名郡）關御合戰落居之刻、板井・合志・菊池以下御勢使幷隈本（飽田郡）城攻御陣、致忠節者也、然早下賜御判、爲備後證龜鏡、粗言上如件、

永和三年九月　日

「承了、（花押）（今川義範）」

大嶋堅所々ニテ軍忠ヲ抽ンヅ

八〇三　大嶋堅軍忠狀

○來島文書

松浦大嶋左京亮堅申軍忠事、

右、去六月馳參肥後國志々木原（山鹿郡）御陣、致宿直、大水山（玉名郡）關御合戰落居之刻、板井・合志・菊池以下御勢使幷隈本（飽田郡）城攻之御陣、致忠節者也、然早下賜御判、爲備後證龜鏡、粗言上如件、

永和三年九月　日

「承了、（花押）（今川義範）」

八〇四　今川了俊書状寫　○有浦文書

波多事ニツイテ申合スベシ

波多事、御案□□□□□□齋藤ニ申へく候時分をはかさねて申合候へく候、いかさまニ而も陣のわつらひも候ハす、又かの仁の事をもこのつゐてニ、一ツさたありたく候間、くハしく申□□□□しハ□□御入候へかし、申合候へく候、かやうの事、しハらく御ひろう候ましく候、恐々謹言、

（永和三年カ）十月四日　　了俊（今川貞世）（花押）

佐志殿

八〇五　波多祝申状案　○有浦文書

波多祝多年ノ軍功ニヨリ所領安堵ヲ言上ス

（端裏書）「□代」（土カ）

松浦波多藏人三郎祝謹支言上、

欲早且任道理旨、且依多年軍功忠、波多□□□降參ᴐ支申而達愁訴於上聞、彌成軍忠勇

□□(間　事カ)、

右、於波多三(光)郎入道圓光之一跡者、祝重代相傳□□□、而祖父〇源太(波多)巧舍弟彌(波多)三郎廣、〇雖致貝外非據競望、□□□公庭度々相番之、京都・鎮西公驗歷然也、爰□□下向眞(供カ)供以來、鎮西(懷良親王)宮方蜂起之間、御敵御方□□□刻、於廣者、每度御敵深重不忠也、於祝者、父祖□□□相續忠節也、〇云相傳道理之篇、云御代落居時分、□□(開　喜カ)悅之眉處、申成安堵御教書、望申降參御免之□□□存次第也、然則、任祝忠節之旨、雖望申武(波多)降參□□(御　免カ)、無御許容者、面目至極也、雖爲縱同理非、可被□□□与武忠否哉、且任道理、〇且依定法、爲達愁訴於上聞、□□□支言上如件、

永和三年十一月　日

波多武降參御免ヲ望ミ申ス

八〇六　今川了俊書下

○御供屋文書

天滿宮(筑前國御笠郡)安樂寺雜掌申筑前國吉富名(志摩郡)事、背大法一圓知行云々、爲事實者、不可然、所詮、來十日以前、任被定置之法、被去渡下地於社家雜掌、可被執進請取、若尚不事行者、被止兵糧析所之儀、任社家申請、可有其沙汰之狀如件、

松浦馬場若狹權守・松浦因幡權守ヲシテ筑前國吉富名ヲ安樂寺雜掌ニ去渡サシム

沙彌〔今川貞世・了俊〕（花押）

永和四年五月三日

松浦馬場若狹權守殿

松浦因幡權守殿

馬場氏

八〇七　尼聖阿彌陀佛沽却狀案

○青方文書

松浦西郷和多田村内田地二段ヲ青方固ニ六貫文ニテ賣渡ス

よう〳〵候にて、うりわたし申□〔候〕青方のふせん〔固〕殿の所ニ、肥前國〔松浦郡〕□〔ま〕つらのさいかうわたゝの村内こわた□□の田地貳段事、

右、件の田地ハ、セいあミた佛ちうたいさうてんのしりやうなり、しかるあいた、ほ□〔ん〕せうもんをあいそへて、代ようとう六くわんもんハ、永代おかきてうりわたし申ところしつなり、もしせいあミた佛か子まこのなかにいらんわつらい申候ハん時ハ、さいくわに申おこなはれ候へく候、よてこうせうのために永代うりけんの狀如件、

永和二年つちのへうま六月一日

阿ま□□〔せい〕阿ミた佛（花押影）

大嶋實所々ニテ軍忠ヲ抽ンヅ

八〇八　大嶋實軍忠狀　○來島文書

松浦大嶋尾張介實申軍忠事、

右、筑後國黑木（上妻郡）御陣警固之刻、去月廿六日、出御之御供仕、同廿八日、耳納（竹野郡）山城攻幷御陣宿直以下、迄于今、勵超涯之軍功者也、然早下賜　御判、爲傳武名於後代、粗言上如件、

永和四年十一月　日

「承了、（花押）（今川義範）」

大嶋政所々ニテ軍忠ヲ抽ンヅ

八〇九　大嶋政軍忠狀　○來島文書

松浦大嶋隼人佑政申軍忠事、

右、筑後國黑木（上妻郡）御陣警固之刻、去月廿六日、出御之御供仕、同廿八日、耳納（竹野郡）山城攻幷御陣宿直以下、迄于今、勵超涯之軍功者也、然早下賜　御判、彌爲成武勇、粗言上如件、

永和四年十一月　日

「承了、（花押）（今川義範）」

八一〇　大嶋堅軍忠状

○來島文書

大嶋堅所々ニテ軍忠ヲ抽ンヅ

松浦大嶋左京亮堅申軍忠事、

右、筑後國黒木(上妻郡)御陣警固之刻、去月廿六日、出御之御供仕、同廿八日、耳納山(竹野郡)城攻幷御陣宿直以下、迄于今、勵超涯之軍功者也、然早下賜　御判、爲傳武名於後代、粗言上如件、

永和四年十一月　日

「承了、(今川義範)(花押)」

八一一　大嶋勝軍忠狀

○來島文書

大嶋勝所々ニテ軍忠ヲ抽ンヅ

松浦大嶋郎左衛門尉勝申軍忠事、

右、筑後國黒木(上妻郡)御陣警固之刻、去月廿六日、出御之御供仕、同廿八日、耳納山(竹野郡)城攻幷御陣宿直以下、迄于今、勵超涯之軍功者也、然早下賜　御判、爲傳武名於末代、粗言上如件、

永和四年十一月　日

「承了、(花押)《(今川義範)》」

八一二　青方重等連署譲状案

○青方文書

孫豊益ニ青方村地頭職ヲ譲ル

次男彦四郎續ト益熊ニ少分ヅツ配分ス

青方固一期ノ中ハ御前ニ譲ル所ヲ固知行スベシ

ゆつりあたふまことよ《(青方近カ)》ますかところに、ひせんのくに五たう《(松浦郡)》にしうらめあをかたのむら

のちとうしきの事、

□《(右カ)》くたんのところ〱ハ、しけし《(青方重)》ちうたゐさうてんのしりやうたるあいた、たんふをのこさす、したいせうもんを、このてつきをあひそゑて、まことよますやうたいをかきてちきやうすへきなり、たゝししなんひこしらうつゝくと、ますくま二人ニせうふんつゝおもひあつるところをハ、すこしもいらんわつらひあるへからす、つきにいやしらう《(青方固)》かたむいちこのほとハ、御□《(せカ)》んニゆつるところをハ、かたむちきやうすへきなり、又かやうにハゆつるといゑとも、もしとよますかしそんなくハ、ますくまニゆつるへし、又ますくましそんなくハ、ますくまニゆつるところをハ、そうりやうにかゑすへきなり、よて後日のためにゆつるしやうくたんのことし、

永和五年つちのとのひつし四月七日

しけし《(青方重)》(花押影)

青方氏

江氏

〔江傳〕つたう（花押影）

有河氏

〔有河全〕またし（花押影）

〔滿〕ミつる（花押影）

〔頓河〕とんあ（花押影）

松尾氏

〔松尾剛〕かたし（花押影）

宇久氏

〔宇久覺〕さとる（花押影）

八一三　はまくまのさいねん置文案

○青方文書

權門勢家・神社・佛神ノ御領内ニ一向ノ儀申サズ

「さいくわ候によて、□□れしおうなあうかたと〻御〔の脱カ〕うま□□おかれ候お、五りやうないに候するほとあつかり申、いかなるけもんせいけ・しんしや・ふつしんのこりやうないにまかりいて〻候とも、このしやうおさきとして、おさゑめされ候ハん時、いこうのきまうすましく候、よてのちのためにかゝりしやうくたんのことし、かうりやくくわ〔ん脱カ〕ねん六月廿三日

はまくまの　さいねん（略押影）

波多祝跡ニ波多村地頭職ヲ安堵ス

八一四　今川了俊安堵状

○有浦文書

肥前國松浦（松浦郡）波多村地頭職事、任相傳文書旨、不可有相違之状如件、

康暦元年十月四日　沙彌（今川貞世・了俊）（花押）

波多大（祝）和權守跡

波多祝跡ニ波多村地頭職ヲ沙汰付ケシム

八一五　今川仲秋遵行状

○有浦文書

波多大（祝）和權守跡申肥前國松浦（松浦郡）波多村地頭職事、任去月四日御成敗之旨、沙汰付下地於彼跡、可被執進請取之状如件、

康暦元年十一月廿七日　右衞門佐（今川頼泰・仲秋）（花押）

草野駿河入道殿

長瀨駿（泰貞）河守殿

八一六　今川了俊召文　○有浦文書

波多武ニ波多村ノ相續ノ公驗ヲ出帶セシム

松浦佐志有浦女地頭(千代壽)代申波多村(肥前國松浦郡)間事、在子細者、出帶公驗、可被伺上裁之處、無左右亂□(入カ)地下、違亂押妨之條、太以不可然、所詮、出帶相續之公驗、不日可被糺明申之狀如件、

永德元年六月三日　　沙彌(今川貞世・了俊)(花押)

波多下野權守(武)殿

八一七　山代榮避狀　○山代文書

楠久龜ニ楠久村ヲ去渡ス

楠久村(肥前國松浦郡)之事、長ふるまひち□□(かひ)給候によて、多年知行仕て候へとも、別儀をもて御所望のいはれ候間、當毛すき候ハヽ、下地より田畠・屋敷、同楠久嶋海邊以下さり申候、御知行あるへく候、但向後、就公私御振舞ちかひ候ハん時ハ、何時もそれの入狀ニまかせて知行仕へく候、次安富(佐嘉郡)・河副(佐嘉郡)・神埼(神崎郡)之事ハ、此方より知行仕候、此後御異儀あるましく候、仍楠久村去狀如件、

永德元年十月四日　　源榮(山代)(花押)

楠久龜殿

佐志寺田阿訪次郎ヲシテ波多武ノ押妨ヲ退ケシム

八一八　今川了俊書下寫　○斑島文書

松浦有浦女地頭（千代壽）申有浦（肥前國松浦郡）間事、上裁未斷之最中、莅彼所、彌三郎（波多武）及違亂煩云々、太以不可然、在子細者、令出帶公驗、可歎申之處、依爲未證分、不及讓狀之旨、乍令承伏、押領之條、頗以招罪科者歟、所詮、爲惣領之跡、堅點置下地幷作毛已下、退彌三郎押妨、可注申子細之狀如件、

永德元年十月十五日　沙彌（今川貞世・了俊）（花押影）

佐志寺田阿訪次郎殿

青方重ニ御厨莊內青方本領當知行地ヲ安堵ス

八一九　今川了俊安堵狀　○青方文書

肥前國松浦（松浦郡）御厨庄內青方本領當知行地事、任文書之旨、可令安堵領掌之狀如件、

永德元年十月廿一日　沙彌（今川貞世・了俊）（花押）

青方豐前(重)權守殿

八二〇　宇久覺置文寫

○舊事聞書引用青方文書

阿野對馬ノ嫡子犬太郎ヲ養子トナス

あのゝつしまとのゝちやくし犬太郎を覺やうし候間、じゝんにすこしもおとらず存候間、あまりの心ざしにとをろ尾のはゝけちくいのよしさくたりといへとも、このわらハにしひたいをかきりてゆづるうへハ、すこしも覺か子孫としてあのゝいゑにさまたけあるましきなり、

永德元年十一月二十五日　　覺(宇久)(花押影)

八二一　青方重軍忠狀

○青方文書

青方重所々ニテ軍忠ヲ抽ンヅ

松浦青方豐前重申軍忠事、

右、爲多年不變御方、自最初於所々御陣、致合戰忠節之刻、板井(肥後國菊池郡)・木野(菊池郡)・高島(菊池郡)・菊池(菊池郡)・熊見(菊池郡)・染土(菊池郡)以下凶徒令沒落旱、以降迄于當所館田原(筑前國那珂郡)御陣、抽宿直之條、且御見知之上者、不

能巨細、然早下賜御判、爲備後證龜鏡、言上如件、

永德二年潤〔閏〕正月　日

「承了、(今川頼泰・仲秋)(花押)」

八一二　今川了俊書下寫

○有浦文書

有浦女地頭千代壽ト有浦與相論ス

有浦女地頭號字千代壽女与(有浦)次郎三郎与相論、肥前國(松浦郡)松浦西鄕佐志村內有浦田畠・屋敷・山野・河海、四隅堺坪付載于本驗、同(松浦郡)保志賀浦海夫・船已下地頭職等事、於次郎三郎者、懷胎未生之時、父强(諸浦)死去之間、不与處分狀之上者、爭可及一通之證蹤哉、至千代壽女者、佐志源三郎披(マヽ)參讓狀并將軍(足利義滿)家(脫アルカ)等明鏡也、就中女地頭父大和權守祝(波多)、於筑後國耳納(竹野郡)山誅死、忠(忠カ)貞遺跡、戰勞何事如之哉、彼女地頭申處相叶理致者歟、然者早任相傳之道理、不可有領掌相違之處、次郎三郎不應成敗、押亂入地下、令押妨彼地之條、頗可請中間狼藉、所詮、退次郎三郎与、堅可沙汰居下地於女地頭旨、可令下知賜之狀如件、

與ノ狼藉ヲ退ケ千代壽ニ沙汰居セシム

永德貳年四月五日　　沙彌(今川貞世・了俊)(花押)

右衞門佐殿(今川頼泰・仲秋)

八一三　今川仲秋施行狀

○北九州市立歴史博物館所藏有浦文書

有浦女地頭千代壽代ニ沙汰付ケシム

松浦有浦女地頭號字千代壽女申肥前國松浦（松浦郡）西鄕佐志村內有浦田畠・屋敷・山野・河海、四隅堺付（坪脱）載于本驗、同保志賀（松浦郡）浦海夫・船以下地頭職等事、任去月五日御教書（今川貞世・了俊）之旨、沙汰付下地於彼女地頭代、可被執進請取之狀如件、

永德貳年五月七日　右衛門佐（今川頼泰・仲秋）（花押）

長瀬（泰貞）駿河守殿

八一四　長瀬泰貞遵行狀

○斑島文書

今川仲秋施行狀ヲ遵行ス

松浦有浦女地頭號字千代壽女申肥前國松浦（松浦郡）西鄕佐志村內有浦田畠・屋敷・山野・河海、四隅堺坪付載本驗、同保志賀（松浦郡）浦海夫・船已下地頭職等事、任去月七日御遵行（今川頼泰・仲秋）之旨、沙汰付下地於彼女地頭代、可被執進請取之狀、依仰執達如件、

永德貳年六月八日　駿河守（長瀬泰貞）（花押）

善法寺氏

善法寺掃部助殿

山浦氏

山浦出雲權守殿

八二五　今川了俊書下

○有浦文書

筑前國早良郡内野村ノ年貢半濟分ハ社家沙汰シ下地ハ寺田勇知行スベシ

佐志寺田勇申筑前國□〔早〕良郡内野村事、雖爲社領、先一圓預置之由、先度被仰云々、雖然於當年々貢半濟者、致社家其沙汰、至下地者、勇可令知行之由、可相觸内野近江守狀如件、

永徳二年七月十六日　沙彌〔今川貞世・了俊〕（花押）

井伊中野式部大夫入道殿

八二六　某書狀

○有浦文書

筑前國早良郡内野村ノ知行子細ナシ

御狀委細承候了、悦入候、抑内□〔野カ〕村間事、少輔殿より御□同御狀則入見參候、披露□□候て、御返事取進之候、□□〔今川貞世・了俊〕入道方へ御書遣され候□、早々遣さるへく候歟、神田□□事者、霜臺〔今川氏兼〕より御申□□ほとに、上方よりハ御書を□□方へ出されて候、け□□仰られ候、此内〔筑前國〕

御公事取亂レ存ジナガラ罷過ス

野村(早良郡)□□□先立度々御さた候て、□□候て御知行無子細事□(候カ)、かた〱如是御知行候へきよし仰にて候、委細□定御僧より仰候へく候、雖無指事候、連々可申之由存候へとも、不斷御公事ニ取亂候之間、乍存罷過候、所存外候、便宜之時ハ蒙仰候ハヽ、恐悅候、恐々謹言、

(永德二年カ)七月廿八日　□□(花押)

佐志(寺田勇)殿御返事

八二七　今川了俊書狀※

○有浦文書

佐志寺田勇ニ筑前國曲淵ヲ安堵ス

佐志寺田申(勇)當□(國)曲淵(筑前國早良郡)事、去年度□(々)成敗之處、尙以不事行由歎申候、如此□□其法候、地下人□狼籍(藉)者、就其身罪科候、至地頭給人等者、罪科何事□、無勿躰候、所詮、急々可有御遵行□、先立成敗事、□重申候、恐々謹言、

三月十九日　了俊(今川貞世・了俊)(花押)

宗(澄茂)伊賀守殿

(切封)「(墨引)」

千代壽ニ有浦跡ヲ安堵ス

八二八　今川了俊書下寫　○有浦文書

有浦跡事、女子(千代壽)安堵之上者、不可有子細處、二郎三郎(有浦與)違亂云々、仍子細如何様事哉之由、成問状處、重而二郎三郎亂入云々、太不可然、所詮、先任安堵旨、沙汰女地頭、於二郎三郎者、追以文書、可有糺明上者、其間爲一族中、可被觸之状如件、

永徳二年十月九日　沙彌(今川貞世・了俊)(花押)

上松浦(肥前國松浦郡)人々中

有浦與ト波多祝女子ト亡父諸浦强跡ニツキ相論ス波多披・諸浦强一所ニテ討死ス

八二九　今川了俊書下案　○有浦文書

佐志(波多)有浦藏人披跡孫子(有浦)次郎三郎与申肥前國(松浦郡)松浦有浦亡父(諸浦)强跡事、於(波多)披・强一所、爲父子討死跡之間、子息与知行不可有相違之處、祝(波多)女子押置文書、致違亂之由訴申間、先度被成問状之處、不及請文散状云々、太不可然、所詮、兩方相傳趣、任實正、載起請之詞、可被注申之状如件、

永徳貳年十二月十一日　沙彌(今川貞世・了俊)御判

上松浦(肥前國松浦郡)一族御中

「(裏書)於正文者、爲後證給置了、

同(花押)」

八三〇　沙彌連覺・尼祚聖連署讓狀　○有浦文書

ひめつる女ニ松浦西郷斑嶋惣領職ヲ讓ル

市女ニ讓ル所ニ違亂スベカラズ

讓与字ひめつる女の所ニ、在肥前國松浦(松浦郡)さいかうまたらしまのそうりやうしきの事、

右、件の所ハ、尼祚聖重代さうてんのしりやうなり、しかる間、御けちならひに代々の手つきの本せう文をあいそゑて、讓所實也、たゝし市女ニ讓所ニいらんあるへからす、其外ハ一所ものこさすそうりやうたる間、他のさまたけなく、子々孫々にいたるまて知行あるへく候、

仍爲後日讓狀如件、

永徳三年ミつのとのいのとし二月廿五日

尼(姫壽)祚聖(花押)

沙彌連覺(花押)

八三一　今川仲秋施行状

○高城寺文書

松浦人ノ違亂ヲ退ク

（端裏書）「今河仲秋」

肥前國高城寺（佐嘉郡）號春日山雜掌申同國河副庄（佐嘉郡）南里米津土居外干潟・荒野、同河上（佐嘉郡）仁王講免等事、任去十二月十五日御教書之旨、退松浦人之違亂、堅沙汰付寺家代、可被執進請取之狀如件、

永德三年卯月八日　右衞門佐（今川賴泰・仲秋）（花押）

長瀬（泰貞）駿河守殿

八三二　佐志學・留連署書狀

○有浦文書

斑嶋ノ事ニツキ一揆ス

斑嶋（肥前國松浦郡）事、可有其沙汰之間、來十八日於金屋（松浦郡）、可有御文書出帶由、一揆所候也、恐々謹言、

永德三
七月一日　留（花押）

學（佐志）（花押）

寺田（佐志勇）殿

八三三　續等連署押書狀案

○青方文書

五島住人等宿浦かう阿彌跡ニツキ寄合裁ク
宇久氏奈留氏

宿浦(肥前國松浦郡)かう阿ミかあとの事によて、有河・あを方の人〳〵の御さはくとして、せう〳〵らきよ候といへとも、なをもて心ゑかたきしさいら條々候之間、かさねてたう浦にまかりこゑ、しさいなけき申候ところに、宇久殿・奈るとのめん〳〵御こゑ候て、御さはくとん《候あ》いた、たふんおほセにしたかい候ぬ、たゝしもとまろと申候ふね一たんの事ハ、おて御さたあるへきよしうけ給候あいた、かさねての御さたを待申候へく候、所詮、きやうこうにおきてハ、いかなるむねんのきり候といふとも、めん〳〵の御さはく方へあんないを申入候ハて、かいにまかせ候事あるましく候、仍こ日のために押書狀如件、

永德三年七月十三日

与在判

滿同

續同

八三四　宇久覺等連署押書狀案

○青方文書

宿浦ノ屋敷ニツキ寄合裁ク

宿浦（肥前國松浦郡）の突出の屋敷幷その前のやしき以下事、今度たまく〱さんくわひ候間、先さはくのむねニまかせて、そのさた□（をカ）きわめ、しさ方ニさいそくせしめ、りうむのまゝさたしつけ申へく候處ニ、公私とり亂す時分にて候、以後一兩月中ニ此人數參會候て、□（淵カ）底さたをきわめ、きつそくニしつけ申へく候也、仍爲後日押書狀如件、

永德三年七月十三日　　安（花押影）

下有河氏

重（下有河）（花押影）

宇久氏

覺（宇久）（花押影）

西浦目（肥前國松浦郡）人々御中

八三五　青方重讓狀案

○青方文書

次男孫益熊丸ニ所領等ヲ讓ル

ゆつりあたふしなんまこますくままろかところに、

ひせんのくに五たう（松浦郡）にしうらへあをかたのうち、やしきハかわちの大くうしかはたけ、おなしきまゐのたをくわえて、ならひの九らう四らうかはたけ・まつたかはたけ・しやううんのはうのはたけをくわえてゆつるなり、しゝさかいハ、ひかしハ大たういまのく

むかわにふミとめて、ミなミハかわちのほり、にしハゆはのまゑの大いわにふミとめて、きたハくりはやしのはたけのつくりあねをかきり、しやううんのはうのちやゑんのにしのはつれにふミとめて、このうら〔ちカ〕ちきやうすへし、

田地
一、てんちの事、ねんあミた佛かつくり一たん、ひこ大らうかはたけのそいの次郎四郎かひらき、とう人かつくりまつのきのしたのてんち、

重作佛田
一、しけしかいまのつくりのほとけた、又おとこせんつくりのしものひこ大らうかつくり、又くさつミのさかりのおこのせうかひらき、いつれも〳〵ミつのおよひハひらき候へし、

麻畠
一、ふなさけのかたむ〔青方固〕つくりのあさはたけ三升まきちきやうすへし、

牧
一、まきの事ハ、そうりやうのきうははなさんところハ、せいのかきりなくはなすへし、

祝言島
一、一ねんニしうけにこむま一疋はなすへし、屋さいもく、ふねつくらん事、さんや・かいへんのそなとり、せいのかきりにあらす、

御公事
一、御くうしハふけんにしたかいて、〔ま脱カ〕そうりやうによりあふへし、
一、ふねおかぬつとりそうりやうせいすへからす、のこるふんハせん日のゆつりにまかせて、一すいものこさす〔青方近〕二郎四郎ちきやうすへし、かくのことくゆつるといへとも、ますくま丸しそんなくハ二郎四郎にかやすへし、二郎四郎しそんなくハ、ますくま丸ちきやうす

へし、もし又かのところうらん時ハ、そうりやうにうるへし、てきはうたにんにうるへからす、かやうにゆつるといへとも、しんさへもん(青方固)一こののちきやうすし、又一くんちうの時かわり七十文そうりやうにさしあわせすへし、にしうらへの御くうしのときも、このけくすへし〔ことくカ〕、よてこ日のためにゆつり状如件、

永徳三年十月廿六日　　　　源重(青方)（花押影）

八三六　今川仲秋預ケ状　　○山代文書

山代豊前守ニ物部荘三分一ヲ兵粮料所トシテ預ク

壹岐國物部(石田郡)庄三分一事、爲兵粮料所、々預置也、守先例、可致其沙汰之状如件、

永徳三年十二月十四日　　右衞門佐(今川頼泰・仲秋)（花押）

松浦山代豊前守殿

八三七　肥前國安富荘關係文書案斷簡　　○青方文書

安富荘

永徳二年二月十九日□　□やすとミ(肥前國佐嘉郡)のしやうさうの《お》う□　□いや□うミ《た》やうのとつちやう

の［　　］あなまち一ちやう《九》のつほ□□□ふ□うく九□□り七［　　］
一三石二斗《七》二升
同いけのよミやう二［　　］
一□郎町《》ちやうとつちやうの事、
一石一斗［　　］

八三八　心佛置文案※

○青方文書

［　　］壹丁事、
［　］〔いや〕けんし入道田六つへ二
［　］たうか田六つへ同
［　］りたうか參反三つ
［　］ならひ三郎太郎田一
［　］つへ、いやけんし入道

「□反いしやう壹丁事、
「のなかといへともし
「參十貫にうり
「たてまつる、わたろ
「のなかのしやうてんにて□
「つおやのこゝろさしとおも
「へく候、いつれの子もいらんあ
「く候、のちのためにしやうくたん
□□□□《(のことしカ)》

□□二年十月廿二日　　心佛(花押影)

○青方文書

八三九　斷簡文書案※

「はりつたのふん
一たん一斗五升　ゑもん二郎との

三丈七(五)升　藏人た郎　りやうけふ〔ん脱カ〕
七升一斗五(三)升　しやうゑん
一たん一斗五(九)升　二郎五郎
一たん二(一)斗五升 六升　六郎丸
二丈五(四)升　りやうけふ〔ん脱カ〕
一たん二(一)斗五(三)升　ゑもん二郎殿
一たん一斗五升　こふた郎
(折返)
しもたのふん
七斗　とう二との
二斗七升　きやうゑん
二斗三升　や五郎との
二斗　しやうゑん
しん□とのゝ
しやう」

八四〇　斷簡文書案※

○青方文書

「五すん
一、ねうし六しやく
一、したいたいちしやうしやく、ひろさいしやく六すん、
一、おもてのさかまへ、なかさいちちやう三しやく、」

(折返)
□□□ひろさハい□□□しやく六すん
一、とものさかまへ七しやく
一、かちきなかさよいろ、ひろさいしやく五すん、
一、うわまへなかさ、みいろいしやく五すん、」

八四一　斷簡文書案※

○青方文書

「ふねへり□きやう
一、かわらいちちやうしやくこすん、おもてかわら□うなし、なかさ、
一、ともかわら＝［　　　　］」
（折返）
「ひろさ二しやく
一、うわまへのはき、なかさ□□ろ、ひろさいしやく五すん、
一、なかいた、なかさいちちやういしやく□すん、ひろさ□しや、」

八四二　下松浦住人等一揆契諾状

○山代文書

下松浦住人等一揆契諾ヲ結ブ

一揆契諾條々之事、
一、於公私、成一味同心思、可致忠節、或一人自　公方失面目、或就公私雖成恨、於一揆中、加談合、依衆儀、可相計之、以一人儀、不可亂於事矣、
一、依市町路頭乘合・笠咎・酒狂・戲以下之事、不慮外、雖珍事出來、無是非、任雅意、各取成弓箭事、甚以不可然、一揆衆中馳寄、令檢別理非、可有其沙汰焉、

一、夜討・强盗・山賊・海賊幷諸財物田畠作毛以下盗人等之事、實犯現形者、見合可討留、
若以支證有差申族者、先召取、科者依白狀可有其沙汰矣、

一、令抑留地頭得分負物、或無故令迯散土民・百姓等之事、相互不可扶持置領內矣、

一、所務幷境相論之事、一揆中寄合、令披見兩方文書、任理非可落居、聊率忽不可及喧嘩焉、

一、各下人等捨主人、令居住他村之事、隨聞及而、於扶持領主致訴訟之時者、任定法、直可
被渡主人方、若有異儀者、爲一揆中之沙汰、令糺明理非、可被出之否云々矣、

一、他村仁放入牛馬之事、隨聞及、致訴訟之時者、任定法、互可被出之焉、

右、條々若僞申候者、
日本六十餘州大神小神、殊者
八幡大菩薩御罰各可罷蒙候、依一揆各契約之狀如件、

永德四年二月廿三日 孔子次第

源《ひらと》 湛(花押)
駿《たひら》河守定(花押)
遠《やましろ》江守榮(花押)
伯《おうしま》耆守德(花押)
越《ひう》前守純(花押)

平戸氏
田平氏
山代氏
大嶋氏
日宇氏

志佐氏
丹後氏
宇久氏
御厨氏
相浦氏
佐々氏
小佐々氏
相浦原氏
相知氏
伊萬里氏
千北氏
庄山氏
松川氏
調川氏
津吉氏

壹《しさ》岐守調（花押）
左《たんこ》衛門尉遶（花押）
伊《うく》豆守勝（花押）
三《ミくりや》河守守
鬼益《あいのうら》丸代（花押）
長《さゝ》門守相
備《こさゝ》　前　守
能《あいのうらのはら》登守超
薩《おうち》摩守廣
伊《いまり》豆守高
若《ちきた》狹守助
薩《しやうやま》摩守連
常《まつのかわ》陸介授
周《つきのかわ》防守續
因《つよし》幡守安

船原氏
生月一部氏
生月加藤氏
生月加藤氏
佐世保氏
佐世保今福氏
有田吉野氏
宮地氏
福野氏
楠久氏
木須氏
福井氏
志佐白濱氏
御厨坂本氏
平戸大野氏

長門守茂《ふねのはら》
大和守《いきつきの一ふん》
常陸介《いきつきのかとう》
伊勢守《いきつきのかとう》
石見守元《させほ》
左京亮《させほのいまふく》
若狹介《ありたのよしの》
周防守聞《ミやち》
因幡守《ふくの》
諸龜丸代叶《くすく》（花押）
因幡守壹《きす》
沙彌源光《ふく井》
白濱後家代弘《しさのしらはま》
源　宥《ミくりやのさかもと》
若狹守廣《ひらとのおうの》

平戸氏　石見守武《ひらと》(花押)
宇久藤原氏　若狭守貞《うくのふちわら》(花押)
宇久高瀬氏　因幡守廣《うくのたかせ》(花押)
有河氏　石見守全《ありかわ》(花押)
宇久江氏　近江守傳《うくの江》(花押)
青方氏　豊前守固《あをかた》(花押)
宇久松尾氏　伯耆守剛《うくのまつお》(花押)
奈留氏　式部丞貞《なる》
志佐松尾氏　石見守信《しさのまつのお》
有河氏代　有河代圍(花押)
志自岐氏　但馬守重《しゝき》(花押)

下松浦住人等一揆契諾状ヲ結ブ

八四三　下松浦住人等一揆契諾状案　○青方文書

一揆契諾條々事、

一、於公私成一味同心之思、可致忠節、或一人自　公方失面目、或就公私雖恨成、於一揆中加談合、依衆儀、可相計之、以一人儀、不可亂於事矣、

一、依市町路頭乘合・笠咎・酒狂・戯以下之事、不慮之外、雖珍事出來、無是非、任雅意、各取成弓矢事、甚以不可然、一揆衆中馳寄、令檢別理非、可有其沙汰矣、

一、夜討・强盜・山賊・海賊幷諸財物田畠作毛以下盜人等事、實犯現形者、見合可討留、若以支證有差申族者、先召取、科者依白狀可有其沙汰矣、

一、令抑留地頭得分員物、或無故令迯散土民百姓等事、相互不可扶持置領内云々、

一、所務幷境相論之事、一揆中寄合令（披見兩方文書、任理非可落居、聊脱カ）楚忽不可及喧嘩矣、

一、各下人等捨主人、令居住他村之事、隨聞及而、於扶持領主致訴訟之時者、任定法、直可被渡主人方、若有異儀者、爲一揆中之沙汰、糺明理非、可被出之否云々、

一、他村仁放火〔入〕牛馬之事、隨及〇〔聞〕而、致訴訟之時者、任定法、互可被出之矣、

右、條々若僞申候者、

日本六〇〔十余〕州州大神・小神、殊者

八幡大菩薩御罰各可罷蒙候、仍一揆各契諸之狀如件、

永徳四年二月廿三日　孔子次第　源《ひらと》　湛（花押影）

平戸氏

田平氏
山代氏
大嶋氏
日宇氏
志佐氏
丹後氏
宇久氏
御厨氏
相浦大崎村
佐々氏
小佐々氏
伊萬里氏
千北氏
調川氏
津吉氏

駿川《たひら》守定（花押影）
遠江《やましろ》守榮
伯耆《大しま》守德（花押影）
越前《ひう》守純（花押影）
壹岐《しさ》守調（花押影）
左衞門尉《たんこ》遶（花押影）
伊豆《うく》守勝（花押影）
參川《ミくりや》守守
鬼盆丸代《あいのうらのたいさきむら》（花押影）
長門《さゝ》守相
備前《こさゝ》守
伊豆《いまり》守高
若狹《ちきた》守助
周防《つきのかわ》守續
因幡《つよし》守安

船原氏
一部氏
生月氏
生月氏
楠久氏
木須氏
福井氏
志佐白濱氏
大野氏
平戸氏
宇久高瀬氏
有河氏
江氏
青方氏
松尾氏

長門《ふねのハら》守茂
大和《いちふ》守授（花押影）
常陸《いきつき》守景世（花押影）
伊勢《いきつき》景卉守（花押影）
諸龜《くすく》丸代叶
因幡《きす》守壹
沙彌《ふくゐ》源光
白濱《しさのしらはま》後家代弘（花押影）
若狭《おうの》守廣
石見《ひらと》守武（花押影）
因幡《うくのたかせ》守廣（花押影）
石見《ありかわ》守全（花押影）
近《ゑ》江守傳（花押影）
豐前《あをかた》守固
伯耆《まつを》守剛（花押影）

奈留氏　式《なる》部丞貞

有河氏　沙《ありかわ》彌道阿

志自岐氏　但《しゝき》馬守重（花押影）

八四四　葉室親善申狀寫△

○菊池古文書

今川貞世松浦以下ヲ相率ヰ博多ニ打出ス

竊按當家系譜、人皇四十代天武天皇第四皇子、舍人親王五代孫、右大臣清原眞人（夏野）正高後胤、四位宰相正通、至親善五十九代奉仕朝家、專拔忠誠、就中承久年中、曩祖修理大夫善賢、及菊池隆定、不敢與東夷、隨勅勵戰功、因茲爲平義時（北條）、被沒倒本領訖、文永・弘安年中、蒙古逆賊兩度襲來日本之時、高善（葉室）・武房（菊池）勵勇於戰場、傳名於異域、後醍醐帝御宇、元弘三年正月十五日、高善与菊池寂阿（武時）令同心、奉勅定、同年三月十三日、發向博多（筑前國那珂郡）、爲平英時（赤橋）、寂阿父子・高善一族百三十騎、遂戰死、建武二年尊氏（足利）・直義（足利）叛逆之時、武重（菊池）・吉宗（葉室）令上洛、拔忠戰、其後尊氏下向筑紫之時、在國之一族等菊池武敏討少貳妙惠（貞經）、且於多々良濱（糟屋郡）顯戰功、去文中年中今川貞世（了俊）・仲秋（頼泰）等、寄來肥州之時、數令防戰、殊於水嶋鄕（肥後國菊池郡）、令追落貞世・仲秋、然後武朝・親善奉屬將軍宮（懷良親王）、令在陣肥前處、今川貞世又相率松浦以下、打出博多之際、肥

後守護代武國・武元・善安遂爭戰、令追落訖、其後貞世・仲秋・大內・大友率豐前・豐後勢、令發向之間、於蜷打(肥前國佐嘉郡)陣令討死、天授四年今川一族・少貳・大友・大內兄弟、以數千騎寄來肥後之間、於託磨原(肥後國託麻郡)遂合戰、得勝利、弘和二年奉將軍宮(良成親王)、進發豐後之間、武朝・親善等之一族、忽企反逆、楯籠守山城(肥後國八代郡)、此故武朝・親善不廻時日馳向、悉令追落訖、然處何故被捨代々三百餘歲之忠義、忽被沒收懸命之領知事、歎息有餘、空沈紅涙越泝盡忠之事實、所希本領之安堵、仍如件、

弘和四年七月四日　　葉室左近將監清原親善

八四五　菊池武朝申狀寫△

○菊池古文書

菊池右京權大夫武朝申代々家業之事、

右、今度勅使如被申將軍宮(良成親王)者、當家之忠功者、不可過元弘忠士歟、因茲難被閣群黨愬云々、謹檢當家忠貞之案內、中關白道隆(藤原)四代後胤、太祖大夫將監則隆、後三條院御宇延久年中、始而從下向菊池郡(肥後國)以降、至武朝(菊池)十七代、不與凶徒、奉仕朝家者也、然壽永・元暦之頃者、曩祖肥後守隆直(菊池)不與東夷之逆謀、奉守劍璽、受安德天皇之勅命、數年勵忠勇、嫡子隆長・

三男秀直以下數輩、致命畢、後鳥羽院御代、承久合戰之時、先祖能隆(菊池)爲大番役、依進置叔父兩人、隨院宣進戰畢、就夫當家本領數箇所、爲平義時(北條)被沒倒畢、文永・弘安兩度蒙古襲來之時者、高祖武房勵勇敢於戰場、施佳名於異朝、既抽日本之爲日本之大功之由、顯天下之歌謠畢、後醍醐天皇御時、元弘三年者、曾祖父武時(菊池)入道寂阿忝奉勅詔、同三月十三日、打入凶徒將平英時(赤橋)之陣、父子一族以下、無所殘令討死畢、然者元弘一統之頃、義貞(新田)・正成(楠木)・長年(名和)令出仕之日、如正成言上者、元弘忠烈者、受功之輩雖惟多、何存身命者也、獨依勅諚墜一命者武時入道也、忠厚尤爲第一歟云々、此條達叡聽之由、世以無其隱者也、建武二年、尊氏(足利)謀叛以來者、武重(菊池)令參洛、直獻忠讜之間、宸翰以下御感、特絶比類者也、於鎭西者、在國之一族等致妙惠(少貳貞經)誅伐之大功、尊氏下向之時、於多々良濱(筑前國糟屋郡)合戰、勵武節畢、延元年中武重下向之後者、致度々合戰、蒙都鄙之善譽歟、厥后武士令相續彼武名、馳廻肥後・筑後、致度々合戰、令護持遠近之官軍訖、興國以後者、武光奉成故大王(懷良親王)入御、最初於八代城(肥後國八代郡)、自令對治一色入道道猷(範氏)父子(直氏)之後、申沙汰大小籌策、令服大友・小貳等於御方、廿餘年之陣、鎭西一統之大功者也、武政者令相承彼忠功、致度々合戰、運種々計略時分、令早世之間、武朝自十二歲之時、令參勤筑州大王御陣、守父祖行跡、從令荷擔鎭西御大事以來者、文中之比、了俊(今川貞世)寄來肥後之時、數月勵防戰之武略、於水嶋陣(菊池郡)、成了俊追落之功、鎭西致兩年靜

今川仲秋松浦以下ノ凶徒ヲ相率ヰ博多ニ打出ス

謐訖、其刻武朝奉屬將軍宮、令在陣肥前國府(佐嘉郡)、運諸方計策之處、今川仲秋(頼泰)相率松浦以下之凶徒、打出博多(筑前國那珂郡)之間、指遣肥後國守護代武國、致大綱合戰、追散仲秋畢、又大內義弘豐前・豐後兩國之凶徒相共罷出之間、於蜷打(肥前國佐嘉郡)陣致合戰、武光舍弟武義入道自關竝武安令討死畢、然而後了俊一類・大友・少貳・大內兄弟數千騎、寄肥後國之間、於詫摩原(肥後國託麻郡)、天授四年九月、武朝十六歳之時、任運於天道、忘命於公義、雖爲無勢、馳入多勢陣、抽戰伐之勇力、一族以下鋭卒數十人令討死、自身被疵攻戰最中、將軍宮(良成親王)有出陣而被馳向、了俊及御合戰之間、散在之官軍少々依馳參御旗下、凶徒令退散畢、弘和二年之比者、武朝守叡旨、將軍宮之間、一族以下扶持人等、受彼朋黨語、楯籠分領守山(八代郡)之要害、擬黜武朝之條、弗廻時日、自馳向各令追落畢、是則雖爲私計策、偏所存公平也、且度々勅使被見知者也、加之、元弘以後者、以當家武略、致九州每度之合戰、至于今相支了俊多勢陳畢、就中自元弘三年、至今稔弘和四年者五拾二年之星霜也、此間正平十三年以後廿七年者、顯興(名和)入道紹覺、憑武光以來之武功、令居住當家分國之上者、功勳之次第、皆宜存知者也、然則就忠之淺深、可有御成敗者、何被閣當家代々三百餘歳忠義、被賞近年奉公阿黨之所望乎、亦任理非可有御沙汰者、將軍宮御事、被受正平之勅裁、爲故大王御代官、年來被積勞功、御理運無相違上者、勅裁豈可亙餘儀乎、仍言上如件、

弘和四年七月　日　　　藤原(菊池)武朝

八四六　今川了俊書下　　○河上神社文書

上松浦一族ニ河上社造營段別錢ヲ沙汰セシム

肥前國(佐嘉郡)河上社雜掌申當□(宮)造營段別錢事、任平均例、先度被仰之處、不承引云々、爲事實者、太不可然、所詮、爲平均例之上者、不日可被致其沙汰狀如件、

至德元年八月廿一日　　沙彌(今川貞世・了俊)(花押)

(肥前國松浦郡)上松浦一族中

八四七　今川了俊書下　　○河上神社文書

下松浦一族ニ河上社造營段別錢ヲ沙汰セシム

肥□□□(前國河)上社雜掌申當□□□(宮造營段)別錢事、任平均例、□□(先度)被仰之處、于今不事行云々、□□(爲事)實者、太不可然、所詮、爲□□□(平均例)之上者、嚴蜜(密)可被致其沙汰之狀如件、

至德元年八月廿一日　　沙彌(今川貞世・了俊)(花押)

(肥前國松浦郡)下松浦一族中

八四八　禪源等連署裁決狀案

○青方文書

青方氏トノ相論ヲ寄合裁ク

仲知
江袋
山野・河海・網

牧

（端裏書）「さはくしやうのあん文」

ひセんの國御くりや（松浦郡）のしやう五たうにしう□〔ら〕□〔めカ〕□□とのとまりよりとら□□の□□さた
の事、□□□□あをかたとのすねんちうろんのあひた、かつうハ□□□し□□□のしや
うらのの《に》まかセてさはくせしむとい□□□□□ふんミやうならさるあひた、そセんさん
やかうかひ候へく候の事おけんへつせしめ、りやう方さかいをさしわ□□
右、ちうち・ゑふくろのあひみさこさきのおのほり、すくも□□のたけのつしニふミつけ
て、これよりきたのさんや・かゝい・あ□〔み〕いけの事、いか□□ニ四郎こ太郎御ちきやう□
□□□まききうはさかいめをはミこゑ候ハんする事、あをかたほうゝいきあるへからす候、
つきにこのさかい□□かきよりみなミの山野・かゝい・あみ・まきいけの事、いかうニあ
をかたはうちきやうあるへく候、このほかあ□□□〔をかたカ〕はうほんたうちきやうの事ハ、わつら
ひ□き□□せい□□□はすとうん〱、よてこうセうのためにさ□□〔はくカ〕狀如件、

しとく二ねん五月三日くし　したい

（禪源）せんけん

宇久江氏
(宇久江傳)ひろむ
さから
ひしかし
ゐなら
せん覺
さとる

八四九　足利義滿御判御教書　○酒見文書

筑後國白垣村東西地頭職・蕀津孫三郎入道跡ヲ酒見武教ニ安堵ス

(足利義滿)
(花押)

筑後國白垣(三潴郡)村東西地頭職・同國蕀津孫三郎入道跡事、爲勳功之賞、任今河伊豫入道了俊(貞世)預狀、酒見豐後權守武教可令知行之狀如件、

至德二年九月廿八日

八五〇　白魚糺讓狀案　○青方文書

實子ナキニヨリ甥法師ヲ養子トシテ所領ヲ譲ル

たうしろいほの（肥前國松浦郡）□□□□□□□□□□しつしなきによて、おひのほ□□□（うしを）やうしとして、たゝすか（白魚糺カ）ちきやう□□□いしよものこさすほうしにゆつりわたすところしちなり、もしも□□□ゆう物候て、ちきやうつかまつり候て、□にいこふのきあるましく候、

後家一期ノ間ハ法師扶持スベシ

後家尼ニナル時ハ毎年一貫文料足ニテ扶持スベシ

後家相嫁ス時ハ扶持スベカラズ

又こけ一このあひたハ、ほうしにあいそわれ候て候ハゝ、ほうしふちし候へく候、もしあまにもなられ候ハゝ、まいねんニ壹貫文のれうそくをもてふちあるへく候、かうやうに申候へとも、このこけいかなる人ニもあいかし候ハゝ、ゆめ〳〵ふちハあるへからす候、よてのちのためにしやうくたんのことし、

至徳三年ひのえとら八月廿二日

しろいほのた□□（ゝすカ）（花押影）

○斑島文書

八五一　今川了俊施行状

有浦千代壽代ニ筑前國井田原下地ヲ安堵ス

松浦有浦女地頭（千代壽）代申筑前國井田原（志摩郡）事、任以前安堵之旨、沙汰付下地於女地頭代、可被執進請取之状、依仰執達如件、

至徳四年十月十日　沙彌（今川貞世・了俊）（花押）

太宰少貳(貞頼)殿

八五二　肥前國安富莊河嶋鄉坪付案※　○青方文書

肥前國(佐嘉郡)安富庄内河嶋かう中
合至徳二二年十一月
一、彌次郎丸名分はたよりかり十□
の給分九段二丈同里三丈
村わらかり三十一の給分五段同
いまミそちの給分二反いしやう四大
一所七反々《の》ちやうの事、
二石▨▨し□
▨

安富莊内河嶋
鄉

八五三　某沽却状案

○青方文書

海夫犬王十五歳ヲ質錢一貫五百文ノ替トシテ青方氏ニ永代賣渡ス

よう〳〵候ニよて、かいふいぬわうハ十五ニなり候を、しちのかわり一くわん五百文ニゑいたいをかきて、あを方とのにうりわたし申候事しちなり、いつれのしたしき人〳〵いられ候とも、いらん申さるましく候、あを方殿御しそくまてめしつかわれ候ハんニ一こうのき申ましく候、よてのちのためニうりけんの状如件、

かきやう二年

卯月十三日

若た□

若童□

八五四　下松浦住人等一揆契諸状案

○青方文書

下松浦住人等一揆契諸状ヲ結ブ

(下松)□□浦一族一揆契諸條々事、

一、於公方御大事者、不云分限大小、令會合、中途加談合、而随多分之儀、急速可馳參、但火急之御大事出來者、承及次第可馳參云々、

一、於一揆中、所務弓箭境相論幷市町路頭喧嘩闘諍出來之時者、先近所人々馳寄可宥時儀、若猶以及難儀者、一揆一同令會合、任道理可令成敗、聊不可許容僻事、次若於一揆中、有讒言凶害之儀之時、無是非不可含根、相互可窮實否云々、

一、於夜討・强盜・山賊・海賊・放火・田畠作毛盜苅族者、證據分明者、直可行死罪、聊以檢疑不可致理不盡之沙汰、次同類之事、爲衆中之沙汰、可被罪科云々焉、

一、此一揆中之人与一揆外之人相論出來之時者、縱雖爲重緣、先閣一揆外之人、而馳寄於一揆中方、而令勘弁兩方理非、爲道理者、可見繼一揆中、若雖爲一揆中爲僻事者、一同令教訓之、不承引者、兩方共不可見繼之、但一揆外之人計相論之時者、或依重緣、或任道理、可見〔繼〕之者也矣、

一、就百姓逃散、相互可扶持之否事、所詮、爲本地頭無不忠之儀、負物年貢以下無怠勘者、可扶持之、若負物年貢等無弁濟者、不可令扶持之云々焉、

一、一揆中相傳下人之事、若隱居彼衆中之領內之時、主人致訴訟者、或依支證、或被相尋近所人々、而爲下人條分明者、任傍例可被渡主人方云々矣、

若此條々僞申候者、

八幡大菩薩御罸於各可罷蒙也、

大河内氏
宮地氏
林氏
大曲氏
宮村氏
松河氏
庄山氏
値賀氏
平戸氏
平戸氏
平戸大野氏
青方氏

嘉慶二年六月一日 次第不同

大河内 保 闔
宮地 周防守聞
林 越前守定
大曲 正 奉
宮村 伊勢守力
松河 長門守勝
庄山 薩摩守連
値賀女子代公武
丹後守五
(平戸)肥前守湛(花押影)
(平戸)石見守武(花押影)
(平戸大野)若狹守廣(花押影)
周防守崇(花押影)
長門守公和(花押影)
(青方)新左衛門尉固

相神浦氏

津吉氏
津吉立石氏
生月山田氏
御厨氏
御厨田代氏
調河氏
志自岐氏
津吉巨田氏

圖書允隱
（相神浦）鬼　益　丸
山城介秀明（花押影）
大坎〔炊カ〕助与
家　　益（花押影）
周防守家資
因幡守家重（花押影）
（津吉）因　幡　守　安（花押影）
（津吉立石）掃　部　助　榮（花押影）
（生月山田）彥犬丸代兵庫允義本
（御厨）三河守守
（御厨田代）近
（調河）熊　房　丸
（志自岐）但　馬　介　重（花押影）
（津吉巨田）兵　庫　允　有（花押影）

田平氏

田平
駿河守定

○青方文書

八五五　青方淨覺譲狀案

了圓ニ所領等ヲ讓ル

青方地藏堂免田

ゆつりあたうりやうゐんはうかところニ、

ひせんのくにこたう(松浦郡)あをかたのうちやのおのやしきてんちのふん、一所くさつミのすかりのしやううぬはうのつくり、一所とう人とうりたうのそはのた、とう人すのたのかミのつくり、又くさつミのすかりのりやうゐんはうのいまのひらき、さんや・かいへんのそなとりせいのかきりあるへからす候、又そうりやう(青方固カ)のまきにきうはをはなすへし、ところ〳〵かやうにあをかたのちさうたうにめんてんもゆつるあいた、ちふかうをもまいらせ、ふんさいのおこないおもとりおこなうへし、かやうにゆつるといへとも、しそんなくハそうりやうに一こののちハかゐすへし、こうセうのためにゆつりしやう如件、

かきやう三年二月廿九日　　しやミ(青方重)しやうかく

八五六　沙彌宗正讓狀寫

○吉永文書

長ニ壹岐嶋吉永領内田地・畠地ヲ讓ル

次郎三郎長ニ讓与壹岐嶋吉永領之内田地・畠地積り付之事、

合

一所　きやうめうゟ組にゆつりをあいそうる

一所　二反かハら田しハらの郷(石田郡)　一所　なかれ川二反

一所　浮のほり田　一所　たうめうか屋敷川ゟひかし田七丈又一丈中ゟ

一所　あうかの水口新田　一所　長畑ひかしハ秋山もかい南ハをハけまかうせ、

一所　みね畑志原郷　一所　こもり四方なかふち也、

一所　高嶺の濱はたけ

右、件之田地・畠地・屋敷等ハ、宗正住(重)代相傳之依爲地、新右衛門長に讓与候也、如件、

かきやう二(三カ)年己ミ八月廿三日

沙彌宗正在判

八五七　今川貞臣遵行狀

○斑島文書

有浦千代壽代ニ筑後國三池北郷甘木村地頭職ヲ沙汰居シム

松浦(肥前國松浦郡)佐志有浦女(千代壽)地頭代申筑後□(國)□(三)池北郷(三毛郡)甘木村付池田地頭職事、就□已來之相傳、依爲大和守(波多)祝討死跡、殊以□(被カ)成敗之處、以非分之儀、點定使依支申延引、太以不可然、所詮、任先度遵行之旨、彼所可被沙汰居件地於女地頭代、若□及異儀者、遂在庄可被加扶持之由、依□(仰)執達如件、

康應元年六月晦日　　散位(今川貞臣)(花押)

石岡掃部助殿

八五八　權律師定怡書狀※

○有浦文書

松浦波多一跡代々ノ下文・讓狀等ヲ山方ノ寺ニ預ク

たひ〳〵うけ給候松浦波多一せき、代々の御下文ならひニ御ゆつり狀、ありのうらのともに、已上三通、佐志壹岐守長かなかきの御狀正文一通、大御所の御かん御判、一通正文、已上五通、波多下野守と筑後國三池(三毛郡)甘木のさたのとき、あつかりおき候ぬ、井たわら(筑前國志摩郡)・筑後國高塚(上妻郡)已下の所々、有浦(肥前國松浦郡)の田地・屋敷・河海・々夫・船等、ミな〳〵あそハし入られ候しを、肥後國吉(益城郡)野御陣を御はつしのとき、大事の御文書にて候あひた、山方の寺ニあつけおきて候を、彼寺より尚々おくニあつけられ候ほとに、ゆめ〳〵うさなる事ハあるましく候、そのふん探(今

題(川貞世・了俊)の御みゝにも入おきて候、若此御文書を身かさたとして他人にもけいやく申、いかなる事もありときこしめされ候ハヽ、公方ニ御うたゑ候て、へちのさいくわニ申おこなわれ申候へく候、ためニへちして狀をしたゝめて進候、あなかしく、

六月廿日　　　權律師定怡（花押）

松浦有浦女(千代壽)地頭殿

八五九　今川仲秋書狀寫※

○斑島文書

條々委細承候了、

佐志名代

一、佐志の名代の事ハ、後家方へふミまいらせ候、けさん候て、其御左右ニよるへく候歟、

井田原・三池
甘木

一、いた原(筑前國志摩郡)幷三池(筑後國三毛郡)のあま木の事うけ給候、これハ先日波多安堵仕候し間、相論ニつまて點置れ候了、いたわらの事ハ、波多下野守當知行仕候歟、いつれもわたくしのきニあるへからす候、入道(今川貞世・了俊)御方へ仰られ候へく候、すいきよを進候へく候、

七隈内白水

一、七隈(早良郡)内白水知行分事、是又わたくしのあつけ所なとにもあらす候、御さたとし候て、落居候し事にて候へハ、是もすいきよを進候へく候、入道方へ仰候へく候哉、

斑嶋

一、またら嶋(肥前國松浦郡)の事、これ又わたくしのさいかくなく候、すいきよを進候へく候、いつれもその御左右ニよるへく候、諸事身ニおき候て等閑なく候、恐々謹言、

七月廿五日　　　仲秋(今川頼泰)(花押)

佐志(長カ)殿

「(切封)(墨引)」御返事

佐志殿御返事　　　仲秋

佐志長跡ニ筑前國怡土莊內永野宇美領半濟分ノ計沙汰ヲ依頼ス

八六〇　今川仲秋書狀※

○有浦文書

井口預所筑前國怡土(怡土郡)庄內永野宇美領半濟事、自最前拜領候之處、長(佐志)方及異儀不被去渡候之間、度々入道(今川貞世・了俊)方より雖成敗申候、不道行候、不可然事候、此仁給人事者、皆々御存知事候、先給分候上者、止地下煩、被去渡彼仁方候者悅入候、定入道方よりも申候歟、無子細樣計御沙汰候者、可目出候、恐々謹言、

五月廿八日　　　仲秋(今川頼泰)(花押)

佐志(長)壹岐守跡

○青方文書

八六一　青方浄覺譲状案

ゆつりあたうまこますくま丸かところに、
ひせんのくに（松浦郡）こたうにしうらへあおかたのうち一所やしきの事、なましりのそう三らうかはたけおやしきにゆ〔つ脱カ〕る也、しゝひんかしハたいたうのまゝ、ミなミハやしきになるへきふんハかま〔へ脱カ〕しるへしにしもやしきはたけになるへきかきりハ、かまへてちきやうすへし、きたハかわちのまゝ、
一、そう三らうかたのかしらののおもはたけにつくるへし、
一、のゝさかいの事、これもひんかしハたいたうのまゝ、にしハ六郎九らうとまこ三らうかつくりあねのまゝ、きたハかハちのまゝ、このうちちきやうすへし、一所てんちの事、ふなさけの□とうしつくり、一所くらう丸かつくり、ふなさけのまつのきのつくり、いまの六郎四らうかつくり、一所うらのうこんのせうかひらき、一所ほとけたいまのしやくかつくり、
一、そうりやう（青方固）のまきにきうハはなさん事、せいのかきりあるへからす、ふねつくらん事、

孫益熊丸ニ屋敷等ヲ譲ル
那摩
河内
野境
佛田
惣領牧

惣領軍忠ノ時ハ用途合力スベシ

やさいもく・さんや・かいへんのそなとり、せいのかきりあるへからす、しまのはたけきらんとき、すこしハきるへく候、そうりやうのおやけくんちうのときハ、ようとうひやくかうりよくすへし(くカ)候、にしうらへのしよりやうのわつらいのときハ、三十そうりやうにかうりよくすへし、なんしなくハおい又ほうし丸ちきやうすへし、もし又ほうし丸しそんなくハそうりやうにかへすへし、こにちのためにに(衍カ)ゆつりしやうくたんのことし、

かうおう二ねん正月廿三日

しやミ(青方重)しやうかく(花押影)

彦四郎ニ五嶋西浦部青方地頭職ヲ譲ル

津泊

八六二　青方浄覚譲状案

○青方文書

ゆつりあたうしそくひこ四らうかところに、ひせんのくにこたう(松浦郡)にしうらへあおかたのちとうしきハ、しやうかく(青方重)かちうたいさうてんのしりやう、しかるあいたこのうちふなさけのしやうかくいまのつくりのあきはたけゆつりあたうところしつなり、

一、つとまりにふねおかんとき、そうりやう(青方固)せいのかきりあるへからす、ますとう丸なんしなく、しやてい又ほうし丸ゐいたいお□□(かきカ)てちきやうすへし、

一、のこりのこまこにせうふんゆつるところに、いらんお□□□《なすへカ》からす、よてこにちのために□□《ゆつカ》りしやうくたんのことし、

かうおう二ねん正月廿三日　　しやミしやう《青方重》□□《かく》

○宛陵寺文書

八六三　源延寄進狀寫

宛陵寺ニ居屋敷・桑木窪一所・畠地一段ヲ寄進ス

就宛陵寺《肥前國松浦郡》

大圭和尚奉奇《寄》進居屋敷・桑木窪一所、同畠地一段、

右、志趣者、爲□《悉》地圓滿、子孫繁昌、故證文如件、

明德元年□《庚》午正月吉《日脱》

丹後《守脱》源延（花押影）

○早田文書

八六四　松浦定寄進狀寫

八幡ニ一反代
五百五十文ヲ
寄進ス

松浦丹後守

きしん狀　　源　定

（肥前國松浦郡）
八まんにきしん仕候所の事、

ひわの木下

一所　一反代五百五十文

右、此田ちハ、源定心さしあるによて、八まんにきしん仕所也、あき所出來候者、重々きしん可仕候、小分にて候へとも、まつことのしるしにきしん仕候、しゝそん〳〵千さいまて、さおいあるへからす、よて後日爲に狀如件、

明とく二年かのとひつし

卯月二日　　　源定（花押影）

きしん狀

○伊萬里文書

八六五　立金・慈性連署注文案

大河野内向村正本跡田地坪付

（端裏書）「伊萬里大方坪付」
（肥前國松浦郡）大河野内向村正本（聖）跡田地等事、
地頭やしき、つらた八反　道連
かけのき三反かわち丸　ふなつら三反　清三郎、
壹反きしのした、壹反はたけた、しまつほ二丈中、
又ひらた一反はん、まゐた二反はん、一反三郎二郎、
七つへ　源三郎、七つへ　ろくろや、
まとは三反、三反たうくわん、
壹反　てらの、つるまき一反、
ようさくはたけ一反やなせのうしろ、

用作畠

そしふん、かわつら方、
たにつら方、
右、如此、自餘追而可有其沙汰狀如件、
明徳二年十二月十五日　立金（花押影）
慈性（花押影）

八六六　番立結番注文案

○青方文書

番立ヲ定ム

定番立事、

一番　多尾（肥前國松浦郡）　比河　津留　神崎　赤尾
二　長田　世摩　鳥山　和多田　山田
三　青嶋方　山本　松尾　針木　安永
四　青方　堤　曾禰　原　江
五　立石　江濱　上有川　馬場　中尾
六　山口　長田　下有川

所定如件、

明徳三六月廿二日

會所梅崎

日間三　　御會所梅崎（松浦郡）

十日□□

八六七　下松浦住人等一揆契諸狀案

○青方文書

下松浦住人等一揆契諸ヲ結ブ

□□□□□〔一揆契諸條々〕

□□□□□□□□□□□□□□□〔一、君御大事之時者、成一味同心之思〕早々馳參可致忠節云々、但火急之御大事之時者、馬立次第可馳參也矣、

一、就私所務雜務之、弓矢以下子細□□□□□□□□□□□□□□□□□□□□□□□□□□〔珍事鬪諍出來之時者、先近所人々馳寄而無爲被事、可宥申也、〕□□□□□□□□□□□□□□□□□□□□□□□□□□□□〔至于理非者、一揆一同加談合、僻事方令教訓、任道理之旨、可有落居也矣、〕

一、於一揆人數之中、公方有申事時者、先就是非一同可有吹擧以下云々矣、

一、百姓逃散之事、自領主於有訴訟物者、不論是非、領主弁可被返付也矣、

一、大犯三ケ條之事、且任本條之旨、堅可有其沙汰云々矣、

右、雖子細多、先日契諸狀ニ條々被書載之間、多分令省略者也、若此條々僞申候者、八幡大菩薩・天滿大自在天神御罸各可罷蒙候、仍起請文一揆之狀如件、

明德三年七月五日（次第不同）

伊賀守正（花押影）

兵庫允義本

沙彌妙怡（花押影）

沙彌善榮
美濃守應
宮內允授
右京進長
兵庫允重
勘解由左衞門尉一
安藝守祝
近江守照
壹岐守宥
越前守聞
若狹守貞(花押影)
沙彌道信
淡路守崇(花押影)
(青方重)沙彌淨覺
常陸守景義(花押影)

青方氏

平戸大野氏

伊萬里氏

宇久氏

（平戸大野）若狭守廣（花押影）
備前守勤（花押影）
幸王丸
伊勢守授（花押影）
沙彌禪源（花押影）
（伊萬里）伊豆守高（花押影）
幸増丸
（宇久）伊豆守勝（花押影）
丹後守定（花押影）
豐前守周（花押影）
安藝繁
[illegible]（花押影）
彈正忠合（花押影）
右京進長（花押影）
小法師丸

民部丞省（花押影）

八六八　松浦定預ケ状寫

○早田文書

尙々いよいよほうこうの事、進上こころさしあるへしとて、かすくあつけ候、

貳分の事、（肥前國松浦郡）いまふくの中たつの木のもと、

二所合一反一丈代六百文

しつたの

一所一反代四百文

きりの木のもと

一所二丈代二百文

二ツ島いしき

一所二丈代二百文

やしきの事、まつのお

一ケ所代五百文ハ上代一貫九百文

今福たつの木のもと

有此様知行事、甲《(申カ)》やう分又ハさそひ進候て、まつかす〳〵あつけしあきて、うらをたつね候て、いよ〳〵ほうこうの事、ねんころに候、先日□□□□□□□□爲後日狀如件、

宮のとの

明徳四年とりのとし

正月五日　　定《(松浦)》

押ふちいか四郎殿

八六九　青方淨覺置文案　○青方文書

了圓船持タラン時惣領津泊制スベカラズ
惣領釜
男子ナクバ惣領ニ返スベシ

りやうゑんのはうのふねもちたらんときつとまりそうりやう《(青方固)》せいすへからす、

一、そうりやうのかまに一ぬりに《かまひとつニ》かまの物いたミなきやうに、はさふたつ〳〵たくへし、なんしなう《〔き脱カ〕》へハそうりやうにかゑすへし、

めいとく二ねん正月十一日　　しやうかく《(青方重)》（花押影）

一、たうめんの事當くしありてちきやうすというともてきはうた人ニうるへからす、

一、まろたのそはのひらき《りやうゑん》ハこれもちさう

八七〇　青方淨覺・青方固連署置文案

○青方文書

了圓一期ノ後ハ青方進知行スベシ

牧・山野

男子ナクバ惣領ニ賣ルベシ

なぬ□□くてりやう□□（ゑんカ）のはういちこののち、あをかた（肥前國松浦郡）のたうめんもつ事あらハ、にうたうたうなんしありとも、わたゝのてんちニさうはくのところハ、又かめ（青方進）□□（ちきカ）やうすへし、まき・さんやの事も、にうたうかゆつりのまゝちきやうすへし、たうめんもたすハ、にうたうちきやうすへし、にうたうも又かめもなんしなくハ、もとの三くわんもんにそうりやうにうるへし、

めいとく二ねん正月十一日

かた　む（青方固）（花押影）

しやうかく（青方重）（花押影）

八七一　青方淨覺・青方固連署讓狀案

○青方文書

所領等ヲ讓ル

わたゝのたにやすのてんちの事、りやうゑんのはうのちきやうのふん一たん、しんさへも

山野・海邊漁取

祝言島牧

男子ナクバ惣領ニ返スベシ

ん三くわんもんにかい□□にうたうにゆつりおき候、又なかたのしものしんさへもんかひらき一、くさつみのしやうかくかひらきのつくり、あねきとう六かひらきのつくり、あねよりのほりミつのおよはんかきりひらくへし、これふたところをまつ□のてんち一たんにそうりやうにさうはくす、にうたうにゐいたいをかきてゆつると申せとも、なんしなくハ、もとの三くわんもんに、そうりやうにうるへし、さんや・かいへんのそなとりそうりやうせいすへからす、しうけ《(肥前國松浦郡)》にいちねんにこまいひきはなつへし、もとのまきにそうりやうのきうはハなさんまきに、きうハはなすへし、ふねもちたらんとき□□□《〔つとまりカ〕》そうりやうせいすへからす、かやうにゆつるといゑとも、なんしなくハ、そうりやうニかゑすへし、さうはくのてんちハ、なんしなくわもとの三くわんもんにそうりやうニうるへし、のちのためにゆつり状如件、

めいとく二二正月十一日

かたむ《(青方固)》

しやうかく《(青方重)》

八七二　青方淨覺・青方固連署讓狀案※

○青方文書

さいを〔　　　　　　〕きのゐはたのそいのほり
ひらくへきところあらハひらくへし、これ二ところお□□□□そうりやう二さうはく
し候て□□□□□（にうたうにゐいカ）たいをかきてゆつりしなり、さんや・かいへんのそなとりそうりや
うせいすへからす、しうけ（肥前國松浦郡）に一ねん二こま一ひきはなつへし、もとのまきにそうりやうの
きうははなさんまきに、きうははなつへし、りやうゐんのはう」

祝言島牧

○青木氏蒐集文書

八七三　沙彌宗清等連署請文案

築地禪正住宅ニ妙音寺ヲ建立ス

去正月廿八日　御教書今月廿一日到來、謹以拜見仕候畢、抑如被仰下候者、肥前國松浦（松浦郡）相知村內妙音寺事、坊主無主云々、然者可差置器用僧之間、先所被尋仰也、不日可被左右申云々、此條何樣之次第被仰下候哉、其謂者、於當寺而相知築地孫四郎入道禪正爲住宅僧處、建立妙音寺之間、爭不可有其主哉、定而自寺家可被明申候乎、恐惶謹言、

明德四年二月廿五日　　沙彌宗清（裏花押影）

日向守宥（裏花押影）

沙彌蓮妙（裏花押影）

八七四　源結相博狀案

○青方文書

御厨荘西浦部內青方田地ヲ宇久ノ田地ト相博ス

さうはくす、
ひせんの國《(松浦郡)》ミくりやのしやうにしうらへのうちあを方のまろた四つゐの事、うく大たいのたきのしたのてんち三つゐにさうはくせしむるところ也、
右、くたんのてんちりやうはうつくりあき候て、とりかゐし申候ハん時、いさゝかいきあるましく候、よて狀如件、
明德二年六月一日　源むすふ（花押影）

八七五　僧妙融讓狀

○醫王寺文書

黑岩醫王寺住持職ヲ融能首座ニ讓ル

肥前國松浦郡之內黑岩醫王寺住持職之事、
右、當寺者、妙融立置ニ親之塔婆上者、不可比餘所間、嗣法弟子讓与融能首座所也、住院

有度候程者、有住院而、其後者還本寺歟、又守器用可有付囑者也、仍爲龜鏡譲狀如件、

明德亖年癸酉八月十一日　　妙融（花押）

融能首座

○青方文書

八七六　穩阿等連署置文案

惣領軍役ノ時ノ分擔ヲ定ム
那摩氏
曾禰氏
中野氏

そうりやうにくんやくの□〔と〕きのかうりよくの事、うらのうちよりあい申候て申さため候、なまとのひやく五十、そねとのひやく、なかのとのひやく、たいふとの五十、そうにしうら（肥前國松浦郡）へのしよりやうについて、御くうしの候ハんときハ、この御けゝ候て御いたし候へく候、よてふんさためのしやうくたんのことし、

めいとく亖ねん九月廿四日

（穩阿）おん阿（花押影）

中野氏

（中野讃）ほむる（花押影）

立石氏

（立石勇）いさむ（花押影）

（存覺）そんかく（花押影）

鮎河氏

（裏書）（鮎河道圓）「たうゑん」

八七七　波多祝後家源氏代定慶陳狀案

○有浦文書

波多祝後家代定慶波多一跡本領ヲ安堵サレンコトヲ訴フ

波多武濫訴ス

壁嶋・泉村

（端裏書）「後ニ書直」

松浦波多大和守祝後家源氏代定慶謹支言上、

欲早且任譜代相傳幷安堵御下文旨、且依代々討死忠勤實、被棄捐下野守武（波多）等掠訴、重蒙

御成敗、波多一跡本領等所々事、

右、於彼波多村（肥前國松浦郡）者、爲累代相傳之地、自波多三郎勝、源太巧（波多）令相續、迄于祝母相承之段、代々手繼等明白也、隨而於肥後國板井原（菊池郡）御陣、氏女下賜一圓安堵御下文、成入部之思刻、佐志壹岐守長夭亡之間、乍含愁欝于今閣之處、武幷舍弟等不顧押妨自由罪科、立返氏女違亂之由掠申之條、希代濫訴也、爲上裁無相違雖令安堵、氏女當知行之地者、壁嶋（松浦郡）・泉村許也、偏有名無實歟、所詮、於氏女者、代々爲深重御方、祝幷祖父披（波多）令討死訖、忠節何可被准據武哉、次波多一跡所々事、是又如先段言上、代々相承之至、公驗幷讓狀等炳焉之上者、嚴密被停止武等姧訴、任先日安堵御裁許之旨、爲蒙一圓御成敗、粗支言上如件、

明德四年十月　日

八七八　波多祝女子源氏代定慶陳狀案

○有浦文書

波多祝女子代定慶波多巧一跡ヲ安堵サレンコトヲ訴フ

巧ノ女子ハ祝ノ母

壁嶋・泉村

（端裏書）「齋六左入　（到カ）□明德四十廿五」

松浦波多大和守祝女子源氏代定慶謹支言上、

欲早且任譜代相傳幷安堵御下文旨、且依代々討死忠勤、被棄捐下野守武（波多）等掠訴、重蒙御裁許、波多源太巧一跡所々事、

右、於波多村（肥前國松浦郡）已下所々等者、爲累代相傳之地、自波多三郎勝、源太巧令相續以來、巧女子者祝母也、氏女祖母次第相承之段、手繼等明白也、依此於肥後國板井原（菊池郡）御陣、氏女賜安堵御下文之間、成一跡知行思刻、佐志壹岐守長夭亡之時分、于今乍含愁欝閣之處、武幷舍弟等不顧自由押妨罪科、氏女違亂之由、還奉掠　上裁之條、希代濫訴也、彼地事、無相違雖賜安堵、氏女當知行分者、已上壁嶋（松浦郡）・泉兩村之外無是、有名無實之條無其隱歟、所詮、於氏女者、代々父祖爲不變深重御方、祝幷祝父披（波多）令討死畢、忠節何可被准據于武哉、次巧一跡事、如先段言上、氏女代々次第相承之條、證狀等明鏡也、然早嚴密被停止武等奸訴、任先日安堵旨、爲預一圓知行御成敗、粗支言上如件、

明德四年十月　日

八七九　波多祝女子源氏代政申狀案　○有浦文書

波多祝息女源氏代政波多村以下散在所領ノ安堵ヲ訴フ

松浦波多大和守祝息女源氏代政謹言上、
欲早且任安堵御下文旨、且依譜代相傳實、重蒙御裁許、肥前國松浦(松浦郡)波多村以下散在所領
等事、
副進
一通　安堵御下文(今川貞世・了俊)康曆元年十月四日
一通　同　御　書同年十一月十五日
一通　南殿御遵行(今川賴泰・仲秋)同年十一月廿七日
一通　一色殿御書(直氏)文和二年九月廿一日
一通　同右馬頭殿御書(一色範光)同年同月十八日
一通　波多三郎勝讓狀建武三年卯月十五日
一通　系　圖

披・祝・强等討死

右、於彼波多村以下所々者、圓光(波多光)重代相傳私領也、然間子息勝令相續、自勝之手孫女彼岸久曾、氏女祖母、祝母、讓得訖、雖然鎭西動亂累年之折節、下野守廣(波多)武・勤等父不殘令押妨之處、幸奉逢當御代依歎申、氏女去康暦元年十月四日預安堵御下文、開喜悦之眉時分、佐志壹岐守長夭亡以來、所暫閣之也、所詮、任先日御成敗之旨、重嚴密欲蒙御裁許、次氏女祖父披(波多)・父祝・伯父强、於御方令討死畢、仍上聞無其隱者歟、忠勤又難被准餘人、然早被經早速御沙汰、充達多年愁欝、爲播面目、粗言上如件、

明德四年十一月　日

波多村相傳系圖

圓光――勝（波多三郎）――巧（源太）――氏女（字彼岸久曾）

　　　　　　　　　　　　祝（大和守）――氏女（安堵拜領）

八八〇　沙彌道金・佐志寺田茂連署請文

○有浦文書

波多氏ト有浦跡相論シ波多氏安堵サル

去十四日　御教書十八日到來、謹拜見仕候畢、

抑波多与有浦跡相論事、波多方去年十二月廿五日下賜安堵候之間、賀部嶋(肥前國松浦郡)可令入部之由、申候之處、少輔殿爲長瀬山城守殿御使、未調御遵行御沙汰候之間、重而　公方可申上之由、

就被仰出候、少輔殿御意之趣、一族一同就申候、閣諸事、上意可伺申之由、申候之刻、去十二日被成下　御教書候之間、老者共波多村ニ押寄、事謂申談候處、如此御教書御使村櫛伊勢守殿御下向候之上者、不及是非候、令參津愁訴之趣可言上之由申候、以此旨、可有御披露候、恐惶謹言、

明徳五年三月十八日　(佐志寺田)安藝守茂（裏花押）

沙彌道金（裏花押）

進上　御奉行所

八八一　某譲状案

○青方文書

五島青方内栗林等ヲ松田氏ニ讓ル

ひんせんのくに五たう(松浦郡)あをたのうち(か脱カ)のくりはやしまつたにゆつるところかもちのこゐ《もとこゐ》のくりはやし、しんしさかいハひんかしハいまのたていわのおのほり、きたハやへい□(し)かはたけのおくひ《の》にいまのたていわのまゝ、にしハよこたいたうのまゝ、みなミハたけみちくたり、このうちちきやうすへし、

一、せん日かもちの入くちよりゆつるといゐとも、それハそうりやうにかゐすへし、

海夫

一、かいふの事、くそいぬおうなのおやこ三人ちきやうすへし、たゝしおうむすめのいそまつハますとう丸にゆつるなり、せん日ところ〲ゆつるゆつる(衍カ)ところ、こきやくせんときハ、てきはうた人にうるへからす、そうりやうにうるへし、よてのちのためにゆつり状如件、

めいとく五ねん

六月卅日

八八二　某借状案

○青方文書

御うちの九らう□

にあひ申候てひ□

よてすてにちうせら□

したしミにて候ほとニ、ら□

われらよたりより□

かり申候、もしふ□

いて候ハ、よたりハたり□
て候とも、このかりしやう□
してさいくわにおこな□
ときいこうのき申□
よてこにちのために□
くたんのことし□
　めいとく五ねん十月□

八八三　松浦定寄進状寫　　○早田文書

歳宮修理田ニ田地ヲ寄進ス

きしん狀
としの宮（肥前國松浦郡）ニしゆりてんにきしん申田おもの事、
たちしなり、
一所二丈代二百文
有此きしんにわれ〳〵おやこ五人のきたうのためなり、中つくにとりのけ、うちによち

う二郎とようの中二郎たち候あいた、きたうのために、かの田おもきしん仕候ところ也、
仍きしん狀如件、

明德五年きのへいぬのとし

十二月二日　　　丹後守源定(松浦)(花押影)

○島津家文書

八八四　齋藤明眞書狀※

松浦山代方ニ書ヲ遣ス

嶋津(伊久)殿御領□□(肥)前國倉(養父郡)上事、被成御教書候、就其候て、御使節ニさゝれ候、いそき御越、渡申され候ハヽ、可然候、松浦山代方へ、別して御書被遣候、御心へ候へく候、相構〳〵不可有御等閑之儀候、恐々謹言、

二月十七日　　　明眞(齋藤)(花押)

齋藤次郎左衛門尉殿

補遺

後藤光明ニ松浦西郷瀬々浦等ヲ安堵ス

一　後醍醐天皇綸旨　○後藤文書

肥前國墓崎庄(杵島郡)梅山以下惣領地頭職・赤俣院(杵島郡)内同檢斷本司職・同國杵嶋北郷□(編)母村號石次、
幷松浦西郷(松浦郡)瀬□(々)浦等、後藤又次郎光明當知行不可有相違者、
天氣如此、悉之、以□(状)、

建武元年五月一日　　式部大丞(花押)

二　某地頭職補任狀案　○橘中村文書

(端裏書)「御下文案」
下　　橘薩摩一族
　　□嶋地頭
□□□□□
右、以人、爲勳功之賞、所補任也、
任先例、□□□□□□狀如件、

建武三年四月七日

(右裏文書)「橘薩摩一族等中、

大隅國種嶋(熊毛郡)闕所治定

證人事、

戸次丹後□□□□

河尻肥後守□□□

松浦神田五郎三郎」

松浦神田氏

三　龍造寺季利軍忠狀

○龍造寺文書

龍造寺季利仁木義長ノ松浦入部ニ供奉ス

肥前國龍造寺一分地頭孫三郎季利謹言上、

欲早且任軍忠實、且依傍例、下賜御判、備將來龜鏡事、

右、去四月廿八日千栗(肥前國三根郡)御座之時馳參、同五月二日松浦(肥前國松浦郡)御越之時、令御共(供)之刻、菊池武敏以下輩、筑前國下津郡構城郭之間、同十六日押寄彼所、致合戰候畢、然早下賜御判、備將來龜鏡、彌爲施弓箭面目、粗言上如件、

建武三年六月　日

「承了、（花押）（仁木義長）」

○龍造寺文書

四　龍造寺季利軍忠状

龍造寺季利仁木義長ノ松浦入部ニ供奉ス

肥前國龍造寺一分地頭孫三郎季利致軍□□□（忠カ）
□□（右去）四月廿八日千栗（肥前國三根郡）御座之時馳參、同五月二日□□（松浦）御越之時、令御共（供）刻、菊池武敏以下輩、
筑前□□（國下）津構城郭之間、同十六日押寄彼所、致合戰之時、□□中仁打入、及散々大刀打之
條、肥前國横大路次□□□（郎入道カ）・泉又次郎等見知候畢、然早浴恩賞、施□□（弓箭）面目、彌爲成武道
勇、恐々言上如件、

建武三年六月　日

「承候了、（花押）（仁木義長）」

○詫摩文書

五　詫磨親元軍忠状

松浦福嶋三郎筑後國豐福原合戰ニ馳參ズ

大友詫磨彦四郎親元謹言上、

欲早任軍忠實、預御證判子細事、

一、肥後國去八月十八日唐河原（益城郡）合戰之時、抽軍忠之處、若黨彦三郎親顯令打死訖、此等次第、勘文明白也、

一、同晦日、筑後國豐福原（上妻郡）合戰之時、自身被疵弓手大股射目畢、此等次第、同時合戰之仁、松浦福嶋三郎・橘薩摩八郎二郎令見知訖、

右、如此軍忠之次第、支證分明之上者、爲預御證判、言上如件、

建武三年九月十日

「承了、（花押）（今川助時）」

○前田家所藏文書

六　高師直書下案

松浦一族等日向國浮田莊小松方幷ニ大墓別符ニ濫妨ヲ致ス

御奉書

東北院（大和國興福寺）雜掌申日向國浮田庄（宮崎郡）小松方幷大墓別符（宮崎郡）事、畠山助七郎（義顯カ）・松浦一族等致濫妨云々、爲事實者甚招其咎歟、所詮、伊東餘一相共退彼輩、沙汰居下地於雜掌、可被注進子細之状、依仰執達如件、

建武四年七月廿三日　　武藏權守（高師直）在判

土持左衛門太郎（親綱カ）殿

七　一色道猷充行狀　○武雄鍋島文書

辻後藤淨全ニ勲功賞トシテ相智小太郎跡内田地六町等ヲ充行フ

肥前國相智小太郎跡内相智（松浦郡）田地陸町畠地屋敷可依田地分限幷豐前國曾禰庄（企救郡）内曾禰彌四郎入道跡内田地拾町畠地屋敷可依田地分限等地頭職事、爲勲功之賞、所充行也、早守先例、可致沙汰、仍執達如件、

建武四年九月五日　　沙彌（一色範氏・道猷）（花押）

辻後藤五入道（淨全）殿

八　一色道猷書下案　○武雄鍋島文書

守護代齋藤遍雄ヲシテ辻後藤淨全ノ勲功地相智小太郎跡相智田地六町ヲ沙汰セシム

辻後藤五入道淨全申肥前國相智小太郎跡内相智（松浦郡）田地陸町畠地屋敷可依田數分限地頭職事、爲勲功之賞、充行訖、早莅彼所、可沙汰下地於淨全、至餘殘者、載起請之詞、可注申之狀如件、

建武四年十一月廿二日　　沙彌（一色範氏・道猷）御判

守護代（齋藤遍雄）

九　光嚴上皇院宣案

○前田家所藏文書

松浦黨等日向國浮田莊內小松方ニ濫妨ス

院宣
日向國浮田（宮崎郡）庄內小松方雜掌申松浦黨幷土持次（郎脫カ）濫妨事、東北院僧正（覺圓）狀副申狀具書、如此、子細見狀候歟、可沙汰居雜掌於地下（下地）之由、可被仰武家旨、院（光嚴上皇）御氣色所候也、隆蔭誠恐頓首謹言、

曆應元
八月十五日　權中納言隆蔭（四條）

進上　中務權大輔殿（今出川家雜掌）

一〇　掃部頭某施行狀案

○前田家所藏文書

松浦黨等日向國浮田莊內小松方ニ濫妨ス

奉書
日向國浮田（宮崎郡）庄內小松方雜掌申松浦黨幷土持次郎濫妨事、院宣（光嚴上皇）、菊亭前右大臣家（今出川兼季）御消息副解狀具書如此、早任被仰下之旨、可被沙汰居雜掌於地下（下地）、若有子細者、載起請之詞、可被注申之狀、依仰執達如件、

曆應元年九月八日　掃部頭（攝津親秀カ）在判

嶋津上總（貞久・道鑑）入道殿

一一　伊萬里蓮法重陳狀案※

○大河内文書

津吉覺ノ濫訴ヲ棄捐サレンコトヲ陳ズ

□□（肥前）國伊萬里五郎□（二）郎入道蓮法重陳申、
欲早被弃捐津吉五郎次郎覺胸臆謀訴、蒙□□□
成敗大河内（松浦郡）村山野由事、
□（副）進
一通　關東御下知要段數通署之、
一通　六波羅御施行
□□□狀云、不顧證狀、非知行證跡之由掠申云々、此條號所□□□知行支證上者、不能重言、是一、次本領牢籠之族□□□給之條傍例云云、此條榮範（津吉）爲本領不申給□□謀計、非御沙汰之限、是二、次榮範所給之、所詮者、本主□□□跡也、如御下文者、如覺（矢木）跡之由被載乎、限田地・屋敷之由、僞□□條、於大河内村者無山野之間、如覺亦知行無之、如載先□□□下御文明文、構今案、及山野競望之條、罪科爭可□□□就山野乍番訴陳、非論敵之由載狀

云云、此條□□□□□證跡、號山野及濫訴、結句引申福嶋次郎入道・對馬□□□間、非論敵之由令言上者也、是四、次可被召出正文之由□□□讓狀以下歟、彼狀等者如覺跡矢木孫三郎帶□□□□可被召覺所帶讓狀者、出帶勿論云云、此□□□□之間、如覺等知行無之上者、矢木□□□□□□申□□不帶一通證跡之段、自□□□□□□□□就中、覺所差申山野等者、□□□□□□□□知行無相違之處、不帶一通狀、構今□〔案〕□□□□號他人帶持狀、備進枝葉狀、成員外望之□□□□特是條顯詞下畢、是五、次就理運引申停□□□帶證文輩者不及子細歟、至覺者、不帶□□□□□可爲傍例乎、是六、次如覺亦山野知行之條、先進□□此條如載先陳、號所進貞應二年十一月二日□□七月廿九日・寛元二年四月八日以下狀案者、非山□□跡、構出胸臆今案之條、不及御沙汰、是七、次年□□□不訴申惣領職上者、蓮法自讚、非御沙汰限、□□先陳蓮法云惣領職、云田畠山野、共以知行送數百年□〔之〕條(カ)、關東代々御下文・御下知幷鎭西御下知以下證文等歷然上者、何限惣領職之由、可改申乎、年記以□□段承付訖、是八、次榮範拜領地者、如覺跡也、於當村內□□有山野否也云云、此條如覺跡、榮範拜領地者、田地・屋敷也、□於當村無山野之間、云本主代々如覺等、云榮範知行、無□□背自身所給御下文明文、寄事於左右、及謀訴之□□□□□□、是九、

○大河内文書

一二　伊萬里増請文案

參洛シ子細言上スベシ

増ハ蓮法ノ嫡子
大河内村ニハ山野ナシ

今年三月廿四日御教書案幷今月十二日御催促狀、謹拜見仕候畢、抑如被仰下者、大河内掃部助覺申肥前國大河内村（松浦郡）山野等事、伊萬里五郎□□（二郎）入道蓮法跡輩、進代官可明申云々、此條、於蓮法跡者、増爲嫡子、當國伊萬里浦惣領職相承知行山野之外者、至大河内村者、全以無山野候之處、訴訟之趣存外候、所詮、企參洛、可令言上此等子細候、以此旨、可有御披露候、恐惶謹言、

暦應三年五月十四日　　源増（伊萬里）請文

○肥前小城藩士佐嘉差出古文書寫嬉野多志摩藏

一三　沙彌某召文寫

伊萬里彌二郎ニ參對ヲ命ズ

橘薩摩彌五郎慈雄恩賞地肥前國綾部村（三根郡）田畠已下事、綾部四郎二郎入道幸鄉・阿支岐孫四郎能康・青木源四郎義勝・山田孫四郎重持・馬渡諸王丸・多久小太郎宗國等召支狀、不終同然之篇ニ、不日可參（對カ）別面相觸載記之請ニ候、仍執達如件、

暦應四年三月廿四日　　沙彌

白石氏

白石二郎殿

伊萬里氏

伊萬里彌二郎殿

一四　伊萬里增申狀案　○大河內文書

大河內覺ノ濫訴ヲ停止サレンコトヲ陳ズ

欲早且依關東御下文□□□□相傳□知行實、且任覺自筆起請文狀等旨、蒙御成敗、被停止津吉五郎次郎今號大河內掃部助、覺員外奸訴、被行其身於恩顧敵對幷任官謀作等重疊罪科、□〔肥〕前國宇〔松浦郡〕野御厨伊萬里浦內大河內村山野・田事、

副進

一通、關東御下文案元久二年正月九日、當浦地頭職事、先進旱、

三通、同御下文・御教書案增先祖津吉十郎重平、爲松浦一族間事、

五通、當御代御教書幷御施行狀等案□□□□□□□□繁略之、□□□

一通、覺自筆起請文狀等案元德四年四月廿九日、當村無山野間、止訴訟上、對于蓮法增亡父、幷子孫等不可成敵對由事、

增ハ津吉重平ノ子孫

右、當浦地頭職者、增先祖津吉十郎重平、以元久二年□〔正〕月九日賜關東御下文以降、代々相承當知行、敢無空

之知行之處、蓮法増亡父彼山野等押領云々、此條當浦□□〔地頭〕職者、増高祖父津吉十郎重平以元久
二年正月九日□□□□〔關東カ〕御下文以降、代々爲惣領増知行無相違、山野等又以□〔同カ〕前、於
〔肥前國松浦郡〕大河内村者、山野無之、隨而如號所進嘉元三年四月六日鎭西配分狀者、田地五町、屋敷二
宇之由所見也、而不顧□〔自カ〕身出帶之狀、覺始而構出今案、及胸臆奸訴之條、招罪科畢、次同
狀云、修理亮英時〔赤橋〕鎭西管領之時、番于三問□〔答カ〕訴陳云々、此條非今度相論、潤色歟、枝葉也、就
中、覺所進具書等被召出正文、可申子細、然者早被停止員外濫訴、被行其身於奸訴罪科、
爲蒙御成敗、粗言上如件、

曆應四年六月　日

一五　大河内覺申狀案※

○大河内文書

大河内村山野ニツキ伊萬里増ノ濫訴ヲ棄捐サレンコトヲ陳ズ

肥前國松浦大河内〔津吉〕掃部助覺重言上、

當村〔松浦郡〕山野事、

右、如伊萬里彌二郎高通今者號増二答狀者、如元德四年四月廿九日覺狀者、當村仁山野無き由、
御下知以下狀等顯然仁候上者、訴訟於止申候云々、取意此條覺令成于伊萬里五郎二郎入道蓮

覺ハ蓮法ノ聟

彼妻ヲ離別

松浦黨淸・披・圍・重平

重平ハ一族ニ非ズ

法高通亡父聟之時、可出如此之狀由、令申之間、隨舅之命、令書出歟、且如彼狀明文者、當村仁無山野之條、御下知以下之狀等顯然云々、無山野之由之御下知以下狀、雖無之、如載先段、隨命、書載于彼書狀□之間、則乞狀也、令離別彼妻、今令成敵對之時者、宜依本理之條勿論也、當村者根本有山野否也、有山野之條、先進本證文明白之上者、宜依彼狀、是一、次及恩顧敵對云々、此條恩顧之支證何事哉、爲惡口之上者、早任法、欲被行罪科、是二、次爲定田地、榮範（津吉）始而令拜領之由、乍令自稱、號五代相分狀被沙汰付、山野令知行之條、傍例、載先訴之間不能重言、就中、於當村有山野段者、先進本主代々讓狀明鏡也、御配分狀明文、亦矢木三郎左衞門入道如覺跡云々、就跡字、一村中山野何□（可カ）有豫儀哉、隨而跡字事、先ニ關東傍例御教書分明也、有御不審者、可持參于御沙汰之砌、是五、次貞應二年、重平（津吉）讓狀內、他人知行之地數輩在之云々、取詮此條號數輩之內、福嶋者非重平餘流、自餘者、縦雖爲其餘流、可有得山野之輩、可有不得之輩、榮範（津吉）謀作云々、此條曆應二年□□□□□□□□□有御訧之由依承及之、令書本名之處、彼時任官强無御訧之間、任本任令書畢、一統之時任官之條、證狀分明□□□□更非違目、猶有御不審者、併期問答之時是十七、矣、次號關東御教書、如所進狀者、松浦黨淸・披（御厨）・（峯）圍（山代）・重平（津吉）云々、依之高通（伊萬里增）松浦云々、此條重平所領津吉（松浦郡）・伊萬里□雖爲松浦內、其身者非一族、

就所領雖披載于名字□一紙、性〔姓〕者非松浦之間、二字實名也、就彼御教書許□、爭爲一族之由、可掠申哉、就中、彼御教書案者、高通祖父高眞出帶之間、先年被經御沙汰、被勘錄于高眞私用三星文停廢之御下知之間、覺先進畢、彼御下知明文分明之間、不能委細筆記、是十八、次高通出帶元久二年正月九日御下文由書、不審也、被召出正文、可申子細□□是十九、矣、以前條々之外、高通奸言雖多、子細取要言上之、巨細□宜期問答之時、所詮、御沙汰之法雖構申何樣之子細、

一六　宇佐氏女陳狀案※

○大河內文書

宇佐氏女重ネテ言上ス

領宇佐氏女重言上、□□□□□□□此旨可賜御下知由、依□□□□□□□雖被□□兩□御教書不及散狀□□□□□□□□□傍例欲□□□御成敗當浦內恆吉名□□□□

恆吉名

御教書　一通略之、

□□言上□□□熊一丸背度々御教書□□□者、任□□□蒙御成敗、重言上□□□□

□□年□月□日

一七　某譲状案※

○大河內文書

大河內村々在家・狩山・屋敷等ヲ子明石女房ニ譲ル

宇佐太子れんかう

譲与　おゝかうち(肥前國松浦郡)のむら〱さいけら、又おほのかりやま・やしきの、おほのかりたいち
やうこと、
右、こあかしのねうハうニゆつりたるところなれハ、□まそのこにておハすれハ、うさの
おういこしやみれんかうかゆつりたてまつるところなり、しよの人い□□□すへからす、
よてせうもんくたんのことし、

一八　大河内村和與中分坪付案※

○大河內文書

宇野御厨莊伊萬里浦內大河內村ヲ和與中分ス

肥前國宇野(松浦郡)御厨庄伊萬里浦内大河内村和与中分坪付、

合

屋敷分

屋敷分

一所　源次郎居薗　　一所　五郎次郎居薗

一所　法明居薗　　一所　御所薗

一所　平木庭

田地分

一所　三反二丈　源二郎

やまくち
一所　一丈　同人

かミのまへ
一所　四丈　同人

たうのうしろ
一所　三丈中　同人

一所　四反一丈中　五郎次郎

やまくち
一所中　同人

たうのうしろ
一所　二丈　同人

一所　二丈　同人

やまくち
一所　一丈　法明

一所　反二丈　藤四郎

やまくち
一所　二丈　同人

二所合
一所　四丈中　同人

同二所合
一所　二反二丈　同人

ひらこは
一所　中　　次郎三郎
ひのくち
一所　一丈中　同人
やまくち二所合
一所　中　　元かうこ丸 下野
ひくら
一所　三反一丈　同人
たうのうしろ
一所　三丈中　同人
たうのまへ
一所　三丈　同人
やまくち
一所　二丈　藤次
一所　一丈　同人
二所合
一所　二丈　同人
いもあらいかわ
一所　一丈　同人
さくのまへ
一所　反二丈中　同人
のいねはたけ
一所　四丈　用作
一所　四丈　同
山口二所合
一所　反一丈内二丈同
ひしなかた

一九　藤原某書下案

○青木氏蒐集文書

妙音寺ヘノ甲乙人ノ濫妨ヲ退治セシム

松浦（肥前國松浦郡）妙音寺雜掌申於當寺領甲乙人等致濫妨狼（藉）□□□如然輩者、不日可被退治之狀如件、

康永元七月廿七日　藤原判

□□大夫殿

二〇　志賀賴房軍忠狀寫

○大友文書錄所收

志賀藏人太郎賴房謹言上、

欲早依海道・京都・鎭西御共（供）、豐後國玖珠（玖珠郡）城、筑後・肥後・日向凶徒退治已下所々合戰、就自身兩度手負、親類若黨郎從數輩討死・手負・分捕・生虜等功勳（マヽ）、預御吹擧、言上于京都、申達不足分愁訴、備末代弓箭眉目、賴房恩賞地豐後國山香（速見郡）庄內船尾參町挍（狹）少事、

副進

一通　御下文建武三年四月七日

一通　惣領御方御一見狀海道・京都已下戰功事

松浦已下ノ九州ノ國人等過分ノ褒賞ニ預ル

右、賴房依有御方之志、去建武二年十二月馳參開(關)東之刻、同廿一日於美濃國春木宿、行合凶徒洞院(實世)左衞門督家于時仙道大將手嶋津兵部丞(允)、御方軍勢等各擬令退治之時、生□□(虜若)黨刑部左衞門尉、參海道宮宿以來屬惣領御手、負(責)落近江國伊岐代(栗太郡)城、於大渡橋上(山城國乙訓郡)幷京都四條河原、兩度賴房自身被疵、□□(或分)捕・生虜及數ケ度、家子若黨已下討死・手負之條、亦以數輩也、隨而洛中所々合戰自身乍被疵、雖爲一箇度不相漏抽戰功、致丹波路幷鎭西御下向之御共(供)、給御教書、發向豐後國球(玖)珠(玖珠郡)城、追落賊徒、肥後・築(筑)後・日向已下合戰勵忠節、至功既拔群之條、御教書幷諸大將一見狀・注進狀等明白也、而建武三年四月、以船尾爲恩賞被送下御下文於玖珠城之條、面目之至、先以雖畏存、彼地僅參町、所出亦貳拾餘貫文、尫弱之至、還而似失弓箭之名望、賴房雖爲不肖身、爲大友庶子一流之家督、率親類家僕等、叶每度御大事之上、如承及者、以自身手負鎭西御共(供)、殊被賞翫歟、賴房云分限、云軍忠、强不相劣于傍輩哉、爰勘見諸人之抽賞、當家一族等之中、分限至忠雖不覃于賴房、蒙莫太之恩祿、始而立身興家之類多頭在之、將又、日田・佐伯・合志・河尻・松浦已下九州國□(人)等各預過分褒賞開眉畢、何況賴房爲大將軍□□(御格)護一族一方棟梁也、爭可被超越于傍人哉、而浴參町恩澤之條、殆末代瑕瑾也、此等子細不遑于具註、且預京都御吹擧、且被相副御雜掌、尤被加撫育御扶持、可申達恩賞不足之愁訴哉、就中、今爲讎敵追討、有發向于肥州(肥後國)歟、賴房亦最

前馳向、可勵戰功之士〔上〕者、理訴爭無御憐愍哉、尤達微望、欲成武畧之勇矣、仍粗言上如件、

康永元年九月　日

○京都大學文學部所藏古文書纂二十七所收

二一　今川了俊書狀寫

有浦千代壽ニ筑後國三池甘木村地頭職ヲ打渡セシム

筑後國三池（三毛郡）甘木村付池田地頭職事、松浦（肥前國松浦郡）有浦女地頭（千代壽）依爲本領、去年被經御沙汰、既被打渡候之處、一作事、以右衞門佐（今川賴泰・仲秋）、頻可閣之由、承候之間、及其沙汰候了、又屬當奉行人歎御申候之條、無子細候乎、年歸候て、任御兼約、有浦代官等雖歎申候、無御承引候之由、及訴訟候、本領事候之上、大和守祝（波多）於少塔下、誅（忠カ）死忠節跡候之間、餘引懸不可然候乎、定當奉行人委細可申候歟、不日可被去渡候、恐々謹言、

（康應元年）三月廿八日　了俊（今川貞世）（花押影）

三池中務少輔（康親）殿

○有浦文書

二二　まさる書狀※

具足ヲ召サル
内野村ノ年貢ノ事ハ申合スベシ

尚々、いろ〳〵の御心□〔さ〕し申つくしかたく悦存□〔候〕、又御くそくめされ候へきよし承候、しかるへく候、うちの〻（筑前國早良郡）ねんくの事ハ、たま〳〵ゆうい の御そんちの事にて候へハ、よく〳〵申あハせられ候へく候、

おほせのことく、明春の御吉事等めてたく□、やかて事ふり候了、なをもてつくるこあ〔と脱〕□〔る〕へからす候、これもとしあけ候ハヽ、さいせんに申候へきよし存候之處、かた〳〵とりみたし候て、そのきなく候、非本□□〔意候〕、これもきんしつの間まかりくたり候ハんするにて候間、その時けさんに入候て、申候へく候、将又、御しゆ・御さかないろ□□〔〳〵〕に給ハり候之條、悦存候事、たせつのをりふしにて、御心さし申ハかりなく□〔候〕、悦入候〳〵、恐々謹言、

酒・魚ヲ給ハル

二月十五日　　まさる（花押）

（墨引）

二三　まさる書状※

○有浦文書

公方事ハ籌策致スベシ
井田原

くはうよりなにとおほせ候とも、ちけをかたく御ふまへ候へく候、□のゝちハやすくなるへく候、御てきハうも□□□のちハ、□□□□しのひわさをハせしとおほえて候やうにハ申候へとも、御ゆたんハあるましく候、□〔そカ〕れかしこれに候へハ、くはう事□ハちうさくをいたし候へく候、□〔い〕たわら（筑前國志摩郡）の事、

ちけをかたく□〔御カ〕ふまへ候へく候、御つかいいたハらに□よしうけ給□□う〳〵のしきあるましく候、たゝおもしろく□□□ハれ候て、ちけ《くハう》をかたく□〔御カ〕もちまてにて候へく候、くはう□□□いくたひ御つかひくたり候て□□□□それによるへからす候、さやうの□〔と〕きハ、りひをたゝして、御返事□□□もこれにて申候へきにて候、委細ハ御つかひ申て候、きこし□〔め〕され候へく候、

文書六通大将ノ見参ニ入ル

□〔御〕文委細承候了、そのゝちれん〳〵申うけ給候へきにて候ところニ、よろつうちまきるゝ事とも候て、そのきなく候、心もとなく相存候、さては御もんし□〔よ〕そうして六つうたしかに□〔給カ〕候了、さいたてたいしやうのけんさんにハいれて候へとも、かやうの事のならいにて、□□□〔御そんカ〕ちなきやうにおほせもあるへく候ほとに、さやうのとき見せ申候ハんするために申て候、

鹿垣ヲ結ビ代官ヲ置カルベシ

いたわらのあひたの事、しやうの事ハをて申たんすへく候、たま〳〵しやうやの候よしうけ給候、それにしゝかきをかたくいわせられ候て、御た□〔い〕くわんをゝかれ候へく候、恐々謹言、

二月廿一日　まさる（花押）

（墨引）

松浦党関係年表

△要検討

年月日	西暦	記事	本書文書番号
長和5・4・28	一〇一六	源聞、肥前守となる。	一
寛仁3	一〇一九	前肥前介源知、松浦郡において刀伊賊と合戦し、多くの賊徒を射、一人を生捕る。	二
康和4・8・29	一一〇二	源久、三男源勝に所領所職を譲る。△	七
康和4・9・23		源久、三男源勝に所領所職を譲る。△	八
保延3・3・8	一一三七	藤原種時、松浦西郷大枌村内田畠を注進する。	一一
仁平元・8・7	一一五一	小値賀島本領主清原是包、領家より勘当され、松浦直、預所より下文を賜わり弁済使となる。	四一
仁平2	一一五二	清原是包、狼藉を好み、民の煩をなし、高麗船を移すにより勘当され、解却される。	四一
長寛2頃	一一六四	清原是包、小値賀島本領主に還補される。	四一
嘉応元・12・4	一一六九	源壱、石志潔に所領を譲る。△	一三
養和元	一一八一	松浦党、平氏に背き源氏に同心する。	一六
この頃		平氏政権下、松浦直、下文を賜わり、再び小値賀島を知行する。	四一
この頃		清原是包、平戸で殺害される。	四一
この頃		清原是包の後家の腹子松法師・小平太、安芸国で敵のために殺害される。	四一
寿永2	一一八三	これより前、松浦直、妻清原三子を離別し、宋人船頭の後家を相具	四一

		し、その子連を直の子息として小値賀島を譲る。	
寿永2・3・22		松浦直の前妻清原三子、小値賀島地頭職を山代囲に譲る。	四一
寿永3・2・7	一一八四	松浦直、値賀連に小値賀島を譲る。	四一
元暦2・3・24	一一八五	松浦党、長門国壇浦合戦で平氏の大将軍として源氏に挑戦し敗れる。	一九、二〇
文治4・3・8	一一八八	値賀連、小値賀島安堵の源頼朝の下文を賜わる。	四一
建久2・4・17	一一九一	石志壱、弟河崎登に所領を譲る。	三七
建久3・5・7	一一九二	値賀連、源頼朝の御教書を賜わり、小値賀島に対する預所の妨を排除する。	四一
建久3・6・2		幕府、山代囲を宇野御厨内山代浦の地頭職に補任する。△	二
建久3・6・2		幕府、峯披を宇野御厨内紐差浦の地頭職に補任する。△	三
建久3・7		大宰府守護所、建久三年五月七日の源頼朝御教書を施行する。	四一
建久7	一一九六	この頃、宇野御厨内小値賀島の地頭職をめぐり、尋覚(宗房)と値賀連と相論する。△	三
建久7・7・12		幕府、尋覚(宗房)を小値賀島地頭職に補任する。△	三、四、四一
正治元・11・2	一一九九	幕府、松浦党御厨清・峯披・山代囲・知・津吉重平等の本領を安堵する。△	二五
正治2・8・日	一二〇〇	値賀連、松浦直が連に小値賀島を譲り、御厨清、峯披・山代囲等が連署したことを主張する。	四一
建仁3・10・25	一二〇三	幕府、値賀連の小値賀島地頭職を安堵する。	四一
元久元・8・22	一二〇四	幕府、値賀連の濫妨を停止し、尋覚(宗房)に小値賀島地頭職を安堵する。△	二六、四一
元久2・正・9	一二〇五	幕府、津吉重平を伊万里浦・津吉島地頭職に補任する。△	二七

元久2・2・5		幕府、小値賀島地頭職について山代囲・清原是包の後家・尋覚(宗房)を召し決する。	四一
元久2・閏7・14		大宰府、小値賀島地頭職について荘官・島の住人等に召し問う。	四一
元久2		小値賀島の住人、申状を提出する。	四一
建永元頃	一二〇六	源壱、豊後国の大野九郎の謀叛の時出陣する。	二九
建永2・5・3	一二〇七	鎌倉問注所、尋覚(宗房)の小値賀島地頭職の領知を認める。	四一
建永2・6・4		幕府、重ねて尋覚(宗房)を小値賀島地頭職に補任する。△	二八、四一
承元2・閏4・10	一二〇八	源壱、石志潔に所領等を譲る。△	二九
承元2・7・日		尋覚(宗房)、小値賀島地頭職を藤原通高(通澄)に譲る。浦部も青方能高より悔返し通高に譲る。正文は鎌倉で失う。△	三〇、四一、一〇六
承元3・2・日	一二〇九	尋覚(宗房)、小値賀島内浦部田畠在家、山野等を藤原通高と青方家高に分譲する。	三一
建保元・12・27	一二一三	山代固、親父山代囲が将軍家政所下文により、小値賀島地頭職を安堵された旨主張する。	四一
建保6・8・日	一二一八	源披、所領等を峯上に譲る。△	三三
建保7・6・3	一二一九	定西(値賀連)、小値賀島を甥峯持に譲る。△	三四
承久元・11・2	一二一九	藤原通澄(通高)、小値賀島地頭職を峯持に譲る。△	三五、四一、一〇六
承久3・5・26	一二二一	幕府、峯持の小値賀島地頭職を安堵する。△	三六、四一、一〇六
承久4・正・6	一二二二	山本見、親父石志壱の代官として京都大番役勤仕のため筑前国今津に赴くも、壱の所労大事に及ぶため、十四日に松浦に帰る。	三七
承久4・正・18		石志壱、出家する。	三七
承久4・正		石志壱、男子三人・女子三人に所領を分譲する。	三七

承久4・正・19		石志壱、死去する。	三七
貞応元・12・23	一二二二	肥前国守護所、石志潔と舎兄山本見との相論、潔と叔父河崎登との相論を裁許する。	三七
貞応3・4・14	一二二四	幕府、大江通頼の宇野御厨内保々木・紐差・池浦・大島地頭職を安堵する。	三八
貞応3・6・16		肥前国守護所、大江通頼に宇野御厨内西宮大宮司職・検非違所・海夫本司職・亀渕地頭職等を沙汰させる。	三九
嘉禄2頃	一二二六	この頃、松浦党、数十艘の兵船を構え高麗を襲う。	四〇
嘉禄3・10・10	一二二七	肥前国守護武藤資頼、小値賀島についての問注記を関東に進上する。	四一
安貞2・3・13	一二二八	幕府、峯持と山代固との小値賀島地頭職についての相論を裁許し、持に領掌させる。	四二、一〇六
安貞2・7・3		山代固を値賀五島惣追捕使に補任する。	四二
安貞3・正・25	一二二九	山代固、妻(後家尼法阿弥陀仏)に所領を譲る。	六〇
安貞3・2・21		松浦荘内福永名地頭に曠野を開発させる。△	四三
寛喜元・10・30	一二二九	幕府、大江通頼の宇野御厨内保々木・紐差・池浦・大島地頭職・神官検非違所・海夫・本司職等を安堵する。	四四
寛喜3・4・16	一二三一	肥前国守護所、寛喜元年十月卅日の関東下知状を施行する。	四五
貞永元・閏9・17	一二三二	肥前国守護少弐資能、鏡社の住人が高麗に渡り、夜討を企て、多くの珍宝を盗み取り帰国することについて、犯科人を召取り、尋問しようとしたことに、預所が張行したことに対し、幕府は預所の張行を止め、守護に沙汰させる。	四六
貞永元・12・7		山代固、女子源氏宛に書状を書く。	六〇

(貞永元カ)12・25	一二三二	山代固、所領を妻(後家尼法阿彌陀仏)に譲る。	四七
天福元・5・27	一二三三	山代固、松浦荘東島村を粟兼親に沽却する。	三〇八
天福元・5・29		肥前国守護少弐資能、山代固が所領を妻女(後家尼法阿彌陀仏)に譲ることを沙汰する旨幕府に請文を出す。	四八
貞永2・8・3	一二三三	宇久家盛、宇久島内屋敷田畠等を譲る。	四四二
貞永2・10・8		山代固、女子源氏に書状を出す。	六〇
貞永2・10・13		山代固、女子源氏に書状を出す。	六〇
文暦2・9・24	一二三五	いわひろの尼、所領等を御厨清に譲る。	四九
嘉禎2・12・5	一二三六	山代固、女子源氏に書状を出す。	六〇
嘉禎3・12・20	一二三七	兵庫範時、大番以下所役を勤仕する。	三〇八
(嘉禎4)7・26	一二三八	幕府、石志潔に雑事料銭五〇〇文を地頭役として課す。	五〇
嘉禎4・8・17		石志潔、召銭五〇〇文を納める。	五一
嘉禎4・10・9		幕府、大江通時に兄弟の和与状に任せて、宇野御厨内保々木・紐差・池浦地頭職・西宮神宮職を領知させる。	五二
嘉禎4・10・27		六波羅、故山代固の遺財についての女子源氏と後家尼法阿彌陀仏との相論を裁許し、後家尼に領掌させる。	五三
嘉禎4・10・30		肥前国守護少弐資能、嘉禎四年十月廿七日の六波羅裁許状を施行する。	五四
暦仁元・12・25	一二三八	峯持と源等、小値賀島内浦部を和与する。	五五
暦仁元・12・日		石志潔を松浦荘擬別当職に補任する。	五六
暦仁元・		峯持、浦部島下沙汰職を青方西念(家高・覚円)に避与える。	一〇六
(暦仁2)正・4	一二三九	石志潔・大島通綱・山代後家尼法阿彌陀仏等、京都大番役を勤仕す	五七〜五九

延応元・5・25	二三九	幕府、山代固女子源氏と後家尼法阿彌陀仏との固の遺領についての相論を裁許し、後家尼一期知行の後は固の猶子源広に伝領させる。	六〇、六一
延応元・6・16		六波羅、延応元年五月廿五日関東裁許状を施行する。	六二
延応元・6・18		御厨荘預所、関東裁許状・六波羅施行状を遵行する。	六三
延応元・9・1		六波羅、宇野御厨内五島惣追捕使・定使職についての肥前国守護少弐資能申状・後家尼法阿彌陀仏申状等を幕府問注所奉行人に進上する。	六四
延応元・9・20		肥前国守護少弐資能、延応元年五月廿五日関東裁許状を施行する。	六五
延応元・10・24		石志潔、最勝金剛院用途料銭四八〇文を進上する。	六六
(延応元カ)10・29		石志潔、閑院内裏安福殿造営銭四貫一六〇文を進上する。	六七
仁治元・閏10・2	二四〇	幕府、佐志増と地頭清親との筑前国怡土荘内篠原・安恒両村の相論を裁許し、増に両村を知行させる。	六九
仁治2・11・30	二四一	幕府、兵庫資範に得弘名田畠を安堵する。	三〇八
寛元元・4・29	二四三	山代固の後家尼法阿彌陀仏の改嫁について、肥前国御家人九人連署起請文を提出する。	七一
寛元元・5・11		山代固の後家尼法阿彌陀仏の改嫁について、肥前国御家人五人連署起請文を提出する。	七一
寛元2・4・23	二四四	幕府、益田通広と山代固の後家尼法阿彌陀仏との後家尼の改嫁の有無についての相論を裁許し、通広の濫訴を棄却する。	七一
寛元2・7・27		六波羅、寛元二年四月廿三日関東裁許状を施行する。	七二
寛元2・8・18		肥前守護所、寛元二年四月廿三日関東裁許状を施行する。	七三

寛元2・8・23		吉永抱に吉永名田畠等を安堵する。	七四
寛元2		佐志扇、上洛し京都で痢病にかかり、所領を佐志房に譲る。	一三〇
寛元3・12・25	一二四五	源授と鶴田馴と松浦荘西郷内佐里村・壱岐泊牛牧について相論し、馴に安堵する。	七五
寛元4・8・13	一二四六	源西念(上)所領所職を源留に譲る。	七六
寛元4・11・22		幕府、峯持に小値賀島地頭職を安堵する。	七七
宝治元・11・18	一二四七	兵庫範時、松浦荘東島村を粟兼親より買得する。	三〇八
宝治3・5・16	一二四九	佐志扇、佐志房に松浦東郷・西郷荘内佐志村田畠を譲る。	一三〇
宝治3		佐志房、所領を子息等に譲る。	一三〇
建長2・9・5	一二五〇	幕府、山代固の娘尼西阿の給分田三町・屋敷一所を安堵する。	七八
建長2・9・5		山代広、宇野御厨の地頭等のため五島惣追捕使・定使職を濫妨される旨を訴える。	七八、七九
建長2・12・日		大江通時、大江通忠に宇野御厨内保々木・紐差・池浦地頭職を譲る。	一〇八、一一四
建長4・3・27	一二五二	石志潔、嫡子兼に所領石志・土毛を譲る。	八〇
建長6・3・27	一二五四	峯持、孫峯湛に所領を譲る。	一〇五
建長6・4・16		斑島渟、御厨荘志佐浦内当知行所領近本名の目録を注進する。	八二
建長6・4・16		斑島渟、秋武在高を御厨荘内近本名地頭代官職に補任する。	八三
建長6・5・8		斑島渟、女童二人を人質として銭七貫文を借りる。	八四
建長6・7・26		斑島渟、源ひさし、御厨荘近本名代官職を秋武在高に与える旨の契約状を結ぶ。	八五
建長7・9・6	一二五五	峯湛、和与状を作成する。	三三六、三一四
建長7		峯湛、浦部島下沙汰職を青方覚円(家高・西念)に避与える。	一〇六

建長8・8・21	一二五六	青方覚円(家高・西念)、佐保・白魚を白魚弘高に譲る。	二三六
正嘉2・12・5	一二五八	幕府、山代固の女子尼西阿に宇野御厨内山代浦大野内給分屋敷一所・田三町を舎弟山代広に一期の後返付させる。	八六
(正嘉2カ)5・6		山代亀犬に宇野御厨年貢以下済物について報告させる。	八七
正嘉2・8・16		粟兼親、六波羅小御所用途を勤仕する。	三〇八
正嘉3・5・11	一二五九	佐志房、所領を三男勇に譲る。	一三〇
正元元・7・16	一二五九	幕府、峯湛と鷹島満との小値賀島地頭職についての相論を裁許する。	八八、一〇六
正元元・11・21		粟兼親、新比叡小五月会流鏑馬的立用途を勤仕する。	三〇八
(正元2)3・11	一二六〇	幕府、所領内に悪党を隠し置かない旨の起請文を豊前・肥前・筑前・対馬の郡郷地頭に提出させる。	八九
正元2・3・29		幕府、石志兼を石志村地頭職に補任する。	九〇
文応元・5・23	一二六〇	幕府、毎月六斎日・二季彼岸の殺生を禁じる。	九二
文応元・6・17		肥前国守護少弐資能、正元二年三月廿九日の将軍家政所下文を施行する。	九一
文応元・7・20		肥前国守護少弐資能、幕府恒例の公事の外臨事役を禁じる法令を施行する。	九二、九三
弘長元・2・30	一二六一	幕府、百姓に臨事役・修理役・替物用途・垸飯役等を課すことを禁じる。	九四
弘長3・2・23	一二六三	日本国船高麗国を襲い、年貢米一二三石、細布四三反を捜取る。	二一一
弘長3・4・25		粟兼親、鶴岡八幡用途を勤仕する。	三〇八
文永2・10・20	一二六五	六波羅、青方能高が所従三人を抑留することについて白魚弘高に尋ねる。	九七

文永3・3・3	一二六六	六波羅、白魚弘高に青方能高の所従抑留の有無について尋問のため上洛を命じる。	九八
文永3・7・29		佐志房、乙鶴（佐志留）に所領を譲る。	一〇〇、一二七、一三一
文永3・9・29		六波羅、青方能高の所従三人抑留について、白魚弘高に生口を相具して参洛することを命じる。	一〇一
文永4・5・25	一二六七	峯貞、白魚弘高が怠状を出すと主張する。	二五一、三一四、三一五
この頃		六波羅、青方能高と舎弟白魚弘高との所従についての相論を裁許し、弘高に所従を進退服仕させる。	一〇二
文永5・12・27	一二六八	佐志房、所領を買取り三男勇に譲る。	一三〇
文永5		峯湛と青方能高と得分について相論する。	一〇六
文永6・7・20	一二六九	源留、宇野御厨荘内所領等を源勝に譲る。	一〇三
文永7・9・15	一二七〇	肥前国守護少弐資能に大島通綱等の宇野御厨内大島地頭職・検非違所・海夫等本司職の当知行の実否について調査させる。	一〇四
文永8・11・25	一二七一	幕府、峯湛の平戸・河内・野崎・南黒島・小値賀島地頭職を安堵する。	一〇五
文永9・5・10	一二七二	幕府、峯湛と青方能高との小値賀島内浦部島地頭職についての相論を裁許し、暦仁・建長和与状に任せて湛と能高に領掌させる。	一〇六
文永9・12・18		幕府、大江通忠に宇野御厨内保々木・紐差・池浦地頭職を安堵する。	一〇八
文永10・7・10	一二七三	粟兼親、松浦西郷内東尾村地頭職を嫡子兼朝に譲る。	三〇八
（文永10カ）8・3		肥前国守護少弐覚恵（資能）、峯湛の田平浦鴛渕薗濫妨は不実との訴えに対し、尋問のため山代三郎に上府を命じる。	一一一
文永10・9・1		幕府、青方能高の浦部島下沙汰職を安堵する。	一〇九

(文永10)11・16		肥前国守護少弐覚恵(資能)、子細紀明のため山代諧に上府を命じる。	一一一
(文永10)11・16		肥前国守護少弐覚恵(資能)、大島通継に所領内の悪党の取締を命じる。	一一三
文永11・3・27	一二七四	大江通清、御厨内大島の所領について和与状を作成する。	一二〇
文永11・4・日		青方能高、浦部島内田畠山野等を青方重高に譲る。	一一三
文永11・6・14		肥前国守護少弐覚恵(資能)、文永九年十二月十八日関東下知状を施行する。	一一四
文永11・10・15		佐志直、佐志村地頭職を熊太丸(佐志定)に譲る。	一二〇
文永11・10・16		モンゴル襲来に際し、松浦党博多に馳参じる。	一一五～一一八
文永11・10・16		石志兼、所領石志・土毛を猶子に譲る。	一一九
文永11・10・18		モンゴル軍、平戸・鷹島に攻め寄せ、男女多く捕えられ、松浦党数百人討れ敗亡する。	一二〇、一二一
文永11・10		石志兼、嫡子二郎を相具してモンゴル合戦に馳参じる。	一一九
文永11・10		モンゴル合戦で山代諧・佐志房・佐志留・佐志直・佐志勇等戦死する。	一二二、一二七、一二〇
建治元・7・8	一二七五	幕府、佐志勇女子源氏(久曽)に松浦西郷荘内佐志村田畠を安堵する。	一二〇
建治元・10・29		幕府、亡父山代諧の蒙古合戦勲功賞として、山代亀丸(栄)を肥前国恵利地頭職に補任する。	一二二
建治2・3	一二七六	博多湾石築地造築を上松浦の波多太郎・鴨打次郎・鶴田馴、下松浦の松浦定・峯省・平戸答・伊万里如性・山代栄等勤仕する。	一二三
建治3・3	一二七七	斑島締、三月一日より晦日まで異国警固博多番役を勤仕する。	一二四
建治3・7・5		筑後国守護大友頼泰、斑島締に蒙古合戦証人として起請文を出させ	一二五

		る。	
弘安2・10・8	一二七九	幕府、佐志房の嫡孫熊太丸(佐志定)と三男勇女子源氏(久曽)との松浦荘内佐志村地頭職についての相論を裁許し、氏女に領知させる。	一三〇
弘安2・10・8		幕府、佐志留の遺領を佐志熊太丸(定)に領掌させる。	一三〇
弘安3・10	一二八〇	白魚時高、異国警固博多番役を十五日間勤仕する。	一三三
弘安3・11・25		浦部島の直人・百姓等、地頭得分について起請文を提出する。	一三四～一三六
弘安4・6	一二八一	モンゴル軍、平戸・松浦地方に襲来する。	一三七
弘安4・6		松浦党、モンゴル軍と合戦のため博多に馳参じる。	一三八
弘安4・7・2		松浦党、壱岐島瀬戸浦でモンゴル軍と合戦する。	一三七
弘安4・7		松浦党、壱岐、松浦の海上でモンゴル軍と合戦し、山代栄・佐志継等疵を受け、多く討死する。	一三八
弘安4・後7・3		幕府、峯湛に小値賀島内浦部島を元の如く安堵する。	一三九
弘安4・閏7・22		松浦鷹島でモンゴル軍と合戦する。	一三八
弘安4・8・10		肥前国守護北条時定、山代栄の合戦証人として舟原三郎・河上又次郎・御厨預所源右衛門太郎兵衛尉・益田道円・志佐小次郎・空閑三郎等に起請文の提出を求める。	一四〇
弘安5・3・2	一二八二	肥前国守護北条時定、山代栄に合戦證人久木島又三郎の起請文を召進めさせる。	一四一
弘安5・9・25		肥前国守護北条時定、山代栄の壱岐島合戦証人として船原三郎・橘薩摩河上又次郎に起請文の提出を求める。	一四三
弘安6・3・19	一二八三	肥前国守護北条時定、山代栄に蒙古合戦証人として兵衛太郎を召進めさせる。	一四四

弘安6・3・22		肥前国守護北条時定、山代栄の合戦証人として志佐三郎入道・津吉円性房・平戸答・益田道円・有田深・大島通清等に起請文を提出させる。	一四五
弘安6・8・日		御厨熊徳に給田一町を充行う。	一四六
弘安6・10・2		山代栄、益田道円に田地三町・屋敷一ヶ所を押領されると訴える。	一四七
		肥前国守護北条時定、道円に参上し明め申すことを命じる。	
弘安7・3・11	二八四	青方能高と峯湛、小値賀島内浦部地頭得分等について相論する。	一四八
弘安7・10・30		幕府、故佐志勇の女子久曽に肥前国吉田村の替として筑後国上妻荘内忠見名を充行う。	一四九
弘安8・8・19	二八五	肥前国守護北条時定、早岐清の訴えにより、山代栄に参対を求める。	一五〇
弘安8・9・9		肥前国守護北条時定、早岐清の重ねての訴えにより、山代栄に参対を求める。	一五一
弘安8・10・27		肥前国守護北条時定、山代栄に山代浦内田地三町・屋敷一ヶ所を領掌させる。	一五二
弘安8・10・晦		白魚時高、姪浜警固番役十月分を勤仕する。	一五三
弘安8・11・25		幕府、松浦荘領家職を地頭に沙汰し付ける。	一五四、一五五
弘安8・11・25		幕府、粟兼朝に松浦荘内東島田地七町七段・畠地六段・在家五宇を安堵する。	三〇八
弘安9・2・9	二八六	石志壱に松浦荘内石志村田地等を知行させる。	一五五
弘安9・8・27		友清又次郎入道に博多荘浜石築地役勤仕を命じる。	一五六
弘安9・10・2		白魚弘高、中浦部白魚を白魚盛高に避渡す。	一五八
弘安9・10・29		幕府、斑島締に岩門合戦の恩賞地として、筑前国那珂東郷岩門十分	一五九

		一を充行う。	
弘安9・閏12・28		斑島又太郎跡に蒙古合戦恩賞地を、神田紀・相神家弘・斑島締・寒水井源三郎・松浦延・相神浦妙蓮等に岩門合戦恩賞地を充行われる。また岩門合戦恩賞として、松浦荘内甘木村兵庫能範跡を白石通継に、松浦荘内加々良島田在家・兵庫能範跡を松浦延に充行う。	一六〇
弘安10・正・15	一二八七	青方覚尋(能高)、浦部島青方地頭職を青方高家に譲る。	一六一、一六二
弘安10・6・晦		白魚時高、姪浜警固番役六月分を勤仕する。	一六五
弘安10・11・11		志佐継・有田深・山代栄等、松浦一族御厨荘地頭等二十余人の代表として鎌倉に出訴する。	一六六
弘安10・11・19		青方覚尋(能高)、浦部島地頭職を青方高家に譲る。△	一六七
弘安10・11・20		青方覚尋(能高)、老齢のため青方高家を代官として参上させる。	一六八
弘安10・12・18		幕府、石志壱に筑前国益丸の替として、豊後国八坂下荘木村内四箇名を充行う。	一六九
弘安10・12・晦		白魚時高、姪浜警固番役十二月分を勤仕する。	一七〇
正応元・9・7	一二八八	幕府、山代亀丸に肥前国恵利村名主職を充行う。	一七二
正応元・10・晦		白魚時高、姪浜警固番役十月分を勤仕する。	一七三
正応元・12・晦		白魚時高、姪浜警固番役十二月分を勤仕する。	一七四
正応2・3・4	一二八九	青方覚尋(能高)、青方浦部島地頭職を波佐見親平に譲る。	一七五
正応2・3・5		青方覚尋(能高)、屋敷・居薗・北薗・居牟田等所領を波佐見親平に譲る。	一七六
正応2・3・12		青方家高、蒙古合戦勲功賞として神崎荘を配分される。	一七七

正応2・3・12		青方重高、蒙古合戦勲功賞として神崎荘を配分される。	一七七、三五八
正応2・3・12		山代栄、蒙古合戦勲功賞として神崎荘を配分される。	一七八
正応2・5・21		肥前国守護北条為時、青方覚尋(能高)に異国警固番役を結番次第を守り勤仕させる。	一七九
正応2・5・23		維景、白魚時高に異国警固番役勤仕を催促する。	一八〇
正応2・9・17		白魚時高、異賊警固番役を勤仕する。	一八一
正応4・4・26	一二九一	幕府、佐志来に佐志村地頭職を安堵する。	一八二
正応4・6・28		大友親時・北条定宗、青方高家に山賊を行った下人等を召進めることを命じる。	一八三
正応4・6・29		肥前国守護北条定宗、正応四年四月廿六日関東御教書を施行する。	一八四
正応4・6・晦		白魚時高、姪浜警固番役六月分を勤仕する。	一八五
正応4・6・日		河棚住人秋丸恒安、塩田大貫の下人が青方高家の下人のため殺害されたと訴える。	一八六
正応4・9・2		幕府、山代栄に肥前国恵利村の替として筑後国八院田地・屋敷・薗等を領知させる。	一八七
正応5・11・30	一二九二	幕府、白魚時高に蒙古合戦勲功賞追て計ある旨伝える。	三三六
正応5・12・1		幕府、紐差四郎跡に蒙古合戦勲功賞追て給付する旨伝える。	一八八
正応6・5・9	一二九三	大島通継、関東早打到来により、博多に馳参じる。	一八九、一九〇
永仁2・3・6	一二九四	肥前国守護北条定宗、大島通清に異国警固のため肥前国島々に烽火を準備させる。	一九三
永仁2・8・日		青方高家、大中臣国末の訴状に対し陳状を出す。	一九五
永仁2・12・23		肥前国守護北条定宗、大中臣国末と青方高家の相論を裁許する。	一九六

永仁5・6・22	一二九七	肥前国守護代平岡為尚、青方高家に石築地乱杭切立破損の修固を命じる。	一九九
永仁5・8・日		峯答と青方高家との相論にあたり、波佐見親平を代官に立て次第証文を預け置くも、親平提出を拘惜する。	二〇〇
永仁5・後10・18		広瀬真仏(波佐見親平)、神崎荘勲功地を舎弟広瀬了真(国平)に譲る。	三五八
永仁6・4・24	一二九八	渡唐船、海俣島を出発し、樋島で難破し、周辺の在津人百姓等御物を運び取る。	二〇六
永仁6・5・20		順性、難破唐船に積載されていた葛西殿御物以下雑物品目を注進する。	二〇二
永仁6・5・26		鎮西探題、白垣宗氏と山代栄の相論を裁許し、栄に筑後国三潴荘八院村田地・屋敷を知行させる。	二〇三
永仁6・6・23		難破唐船に積載されていた鎌倉浄智寺の物品品目を注進する。	二〇四
永仁6・6・27		難破唐船に積載されていた大方殿の御物以下所持物品目を注進する。	二〇五
永仁6・6・29		関東御使義首座、唐船難破の状況を注進する。	二〇六
永仁6・8・1		某、要害石築地の修固を催促する。	二〇七
永仁6・8・18		青方高家に難破唐船の積載関東御物の返却を命じる。	二〇八
永仁6・8・30		白魚時高、筑前袙浜(姪浜)石築地役を勤仕する。	二〇九
永仁6・9・2		盗人随教法師を五島に流罪とし、白魚時高に預置く。	二一〇
永仁7・4・2	一二九九	鎮西探題、多久宗広と大町通有・同通隆・同通定等との相論について、波佐見親平に起請文を提出させる。	二一二
正安元・10・8	一二九九	石志壱、地蔵丸に松浦西郷石志村・土毛浦・豊後国勲功地等を譲る。	二一三
正安2・3・12	一三〇〇	鎮西探題、白垣道念と山代栄との筑後国白垣郷内所領についての相	二一四

正安2・3・日		論を裁許し、池以南三町を堺として沙汰し付ける。	二二五
正安2・5・3		大中臣国末、青方高家に船二艘を押取られると訴える。	二二六
正安3・6・19	一三〇一	鎮西探題、青方高家に相論糺明のため参対を命じる。	二二九
正安3・7・5		鎮西探題、波佐見親平に相論糺明のため参対を命じる。	二三〇
正安4・10・8	一三〇二	青方高家、要害構武具を供出する。	二三六
		肥前国守護代平岡為政、白魚時高に異賊要害・石築地・武具の勤仕を催促する。	
正安4・10・15		白魚行覚(時高)、筑前袙浜(姪浜)要害・石築地役を勤仕する。	二三七
乾元2・10・4	一三〇三	鎮西探題、中津隈浄智の訴えについて、山代栄に参決を命じる。	二三九
嘉元2・3・20	一三〇四	大江通継と大島通明、御厨荘内大島所領を和与する。	二三〇
嘉元2・6・25		鎮西探題、峯貞の召文違背について、使節に実否を尋問し、注申することを命じる。	二三二
嘉元2・7・日		峯貞、白魚弘高は佐保・白魚の代官、白魚行覚(時高)は貞の所領の住人と主張する。	二三三
嘉元2・8・3		沙彌高西、峯貞の請文を進める。	二三四
嘉元2・9・日		白魚行覚(時高)、峯貞の謀陳を棄捐されるよう訴える。	二四一
嘉元2・10・26		鎮西探題、斑島厚と大島通明との相論を裁許し、通明の知行を安堵する。	二四二
嘉元2・11・日		峯貞代長、白魚行覚(時高)を罪科に処せられるよう訴える。	二四三
嘉元3・2・日	一三〇五	白魚行覚(時高)、代々各別知行の実に任せて安堵されることを言上する。	二四八
嘉元3・3・5		鎮西探題、白垣道念と山代栄の相論を裁許し、道念の訴訟を棄捐す	二五〇

嘉元3・3・日		峯貞、重ねて白魚行覚(時高)を罪科に処せられるよう訴える。	二五一
嘉元3・5・1		肥前国守護代平岡為政、小家彦六を白魚行覚(時高)に預ける。	二五三
嘉元3・5・6		青方覚念(高家)の子息等、峯貞の所領の住人の銭貨以下財物を捜取る。	二五四
嘉元3・6・日		峯貞、青方覚念(高家)等の狼藉を訴え、下手人と損物を注進する。	二五五
嘉元3・11・日		白魚行覚(時高)、峯貞との相論の具書を追加備進する。	二五六
(嘉元3)・壬12・7		肥前国守護代平岡為政、使節に青方覚念(高家)等の狼藉の実否を注進させる。	二五七
嘉元4・4・11	一三〇六	肥前国守護代平岡為政、使節に青方覚念(高家)の陳状を出させるよう命じる。	二五八
嘉元4・4・(14カ)		大村家直、放火狼藉について青方覚念(高家)に請文の提出を命じる。	二六一
嘉元4・4・16		大村家直、青方覚念(高家)に陳状の提出を催促する。	二五九
嘉元4・4・日		峯貞代長、青方覚念(高家)陳状難渋により、罪科に処せられるよう訴える。	二六二
嘉元4・6・日		白魚行覚(時高)、峯貞との相論の具書を追加備進する。	二六六
嘉元4・7・日		峯貞、白魚行覚(時高)に六問の申状を許されるのは違法と陳じる。	二六七
延慶2・3・16	一三〇九	沙彌某、志佐祝に青方覚念(高家)の参決を催促させる。	二七〇
延慶2・3・日		峯貞、青方覚念(高家)を重科に処せられるよう訴える。	二七一
延慶2・7・26		青方覚念(高家)、放火狼藉は不実の旨申沙汰のため所縁蓮重を博多に赴かせる。	二七三
延慶3・10・2	一三一〇	鎮西探題、青方覚念(高家)に論人曽祢与一を召進めるよう命じる。	二七六、二七七

		覚念、有河性心の濫訴は不実と陳じる。	
延慶3・10・6		鎮西探題、狩俣島以下の浦々押領について広瀬真仏（波佐見親平）に参決を命じる。	二七八
応長元・7・10	一三一一	鎮西探題、使節多久宗経・隈兵衛太郎に広瀬真仏（波佐見親平）の狩俣島以下、浦々押領の実否について注申させる。	二八一
応長元・7・日		青方覚念（高家）、真仏（波佐見親平）が峯貞と結託して所領を貞に沽却していると訴える。	二八三
応長元・9・15		白魚行覚（時高）が訴える筑後国三潴荘是友名押妨について、論人国分寺（蕀津）孝宗請文を進める。	二八五
応長元・9・18		蕀津（国分寺）孝宗、三潴荘是友名押妨は謂れなき旨請文を提出する。	二八六
応長元・9・20		狩俣島以下浦等について、広瀬真仏（波佐見親平）代に陳状提出を催促する。	二八七
応長元・10・日		青方覚念（高家）、重ねて広瀬真仏（波佐見親平）の不法を訴える。	二八八
正和元・6・24	一三一二	青方高継、舎弟青方高光等を刃傷するにより追出される。	二八九
正和元・10・日		青方覚念（高家）、重ねて広瀬真仏（波佐見親平）の非法を訴える。	二九〇
正和元・11・21		鎮西探題、青方覚念（高家）と広瀬真仏（波佐見親平）との相論について、使節有河性心・宇久披に実否を尋問し注申を命じる。	二九一
正和元・11・27		広瀬真仏（波佐見親平）代請文陳状を出す。	二九二
正和元・11・日		青方高継、父青方覚念（高家）の所領を押領しようと意図する。	二九三
正和元・12・7		鎮西探題、青方高継に子細糺明のため上府を命じる。	二九四
正和2・8・14	一三一三	鎮西探題、使節宇久披・志佐祝に青方高継の請文を催促させる。	二九五
正和2・8・日		青方覚念（高家）、重ねて広瀬真仏（波佐見親平）の非法を訴える。	二九六

正和2・9・4	青方覚念（高家）、広瀬真仏（波佐見親平）の神崎荘勲功地に対する非法を訴える。	二九七
正和2・9・5	神崎荘田地について、広瀬真仏（波佐見親平）に出対を命じる。	二九八、二九九
正和2・9・18	青方覚念（高家）、重ねて広瀬真仏（波佐見親平）の神崎荘勲功地に対する非法を訴える。	三〇〇、三〇一
正和2・11・13	鎮西探題、使節志佐祝・宇久披に青方高継の参対を催促させる。	三〇二
正和2・□・10	佐志浄覚（拳）、松浦西郷荘値賀村田地・屋敷等を子息久曽寿丸（佐志集）に譲り、惣領職を嫡子与三（佐志知）に譲る。	三〇三
正和3・2・15 一三四	志佐祝、青方高継に明め申すべきことを催促する。	三〇四
正和3・2・17	鎮西探題、宇都宮頼房に白魚行覚（時高）と教信（蕀津孝宗）との相論の実否を注申させる。	三〇五
正和3・2・23	青方覚念（高家）、青方高光に所領を譲る。	三四六、三四九
正和3・後3・10	鎮西探題、小田小太郎入道に白魚行覚（時高）と教信（蕀津孝宗）との相論の実否を注申させる。	三〇六
正和3・卯・16	鎮西探題、兵庫妙願（能範）と故山代栄子息代光賢との相論を裁許し、松浦荘東島村内田地を妙願に知行させる。	三〇八
正和3・4・24	鎮西探題、肥前国守護代に斑島厚の難渋の実否を注申させる。	三〇九
正和3・5・6	鎮西探題、有河性心の訴えに青方覚念（高家）が召文に応じないため、使節白垣彌藤三入道・戸町又三郎入道に実否を尋問させ、起請文を提出させる。	三一〇
正和3・5・日	青方高継、父青方覚念（高家）に敵対する。	三一一
正和3・6・14	鎮西探題、肥前国守護代に青方高継を尋問し、起請文を出すことを	三一二

		命じる。	
正和3・12・16		幕府、山代正の所領所職を安堵する。	五一三
正和4・6・2	一三一五	鎮西探題、白魚行覚(時高)と峯貞との相論を裁許し、貞の佐保・白魚両浦の地頭職を安堵し、行覚の下沙汰職を安堵する。	三一四〜三一六
正和5・11・8	一三一六	西法、養子ぬしのくそを一貫五百で請出した後に暇をとらす。	三一七
文保元・9・日	一三一七	青方高継、舎弟青方高光の狼藉を訴え、狼藉人交名を注申する。	三一八、三一九
文保元・11・日		白魚行覚(時高)、峯貞を罪科に処せられるよう訴える。	三二〇
文保2・5・日	一三一八	志佐披、志佐浦近元名内佐々山口田地内四段を佐志定が押領する旨二答状を出す。	三一九
文保2・6・25		渋谷重郷、白垣道念の孫子彦童丸の越訴を棄捐したことを山代栄跡に伝える。	三二一
文保2・9・17		青方高継、養子亀法師丸に青方村地頭職を譲る。	三二二
文保2・10・日		斑島行覚(厚)、佐志定の志佐浦近元名の押領を訴える。	三二三
文保2・10・5		鎮西探題、斑島行覚(厚)の訴状について、佐志定に参決を命じる。	三二四
文保2・11・10		鎮西探題、白魚行覚(時高)の筑後国三潴荘是友名についての訴状について、山田小太郎入道に注申を命じる。	三二五
文保2・11・日		青方高継代堺深、舎弟青方高光の濫訴を棄捐されるよう訴える。	三二六
文保3・3・15	一三一九	志佐祝、青方高光の請文を鎮西探題に進上する。	三二七
文保3・6・日		青方高継、舎弟青方高光が吉田左衛門太郎入道跡の輩と内通し、異賊合戦勲功地神崎荘田地・屋敷の押領を企てると訴える。	三二八
元応元・7・日	一三一九	斑島行覚(厚)、佐志定を罪科に処せられるよう訴える。	三二九
元応元・閏7・10		鎮西探題引付奉行人、不日終沙汰することを青方高光代に伝える。	三三〇

元応元・閏7・20		鎮西探題引付奉行人、訴訟尋究のため使者を遣すことを青方高光に伝える。	三三一～三三四
元応元・9・日		青方高継代堺深、舎弟青方高光との相論について裁許に預りたい旨訴える。	三三六
元応元・9・日		斑島行覚(厚)、佐志定を罪科に処せられるよう重ねて訴える。	三三七
元応元・10・29		鎮西探題、宇久披に長弁の自筆類書を持参するよう命じる。	三三八
元応元・10・日		青方高継代堺深、長弁自筆状と青方覚心(能高)譲状とを校合して、裁許に預りたい旨言上する。	三三九
元応2・正・21	一三〇	青方為平、神崎荘勲功地を十五年の本物返として、吉田尼御前に預ける。	三四一
元応2・4・21		御使けんとうさう、わしつかいの用途一〇〇文を請取る。	三四二
元応2・7・27		青方高光、弘安十年十一月十九日青方覚尋(能高)譲状は謀書と主張する。	一六七
元応2・8・3		鎮西探題、広瀬了真(国平)が訴えた吉田妙心の神崎荘吉田里押領について、横大路西迎に命じて召文を遣す。	三五八
元応2・8・日		青方高光、兄青方高継との相論のため陳状を提出する。	三四三～三四五
元応2・10・21		青方高継と舎弟青方高光と五島西浦部青方田畠・屋敷・山野等について和与する。	三四六
元応2・11・9		鎮西探題二番引付、青方高継と青方高光との和与状の裏を封じる。	三四六
元応2・11・9		鎮西探題、青方高継と青方高光との相論を和与状に任せて裁許する。	三四九
元応2・12・10		青方高継、西浦目青方村地頭職を嫡子青方高直に譲る。	三五〇
元亨元・8・10	一三一	山代正、子息山代弘に所領所職を譲る。	五一三

元亨2・5・2	一三二二	鎮西探題、山代正に命じて津吉島住人関国重が訴えた舎弟犬童のことについて明め申させる。	三五一
元亨2・5・13		野世西蓮、松浦西郷相知村を築地蓮喜に売渡す。	四一七
元亨2・5・23		青方高継、西浦目青方内屋敷・名田を養子亀法師丸に譲る。	三五二
元亨2・後5・15		吉田妙心、広瀬了真(国平)が訴えた神崎荘吉田里押領は不実であると請文を出す。	三六八
元亨2・6・22		青方高継、所領を彌陀徳丸に譲る。	三五三、三五四
元亨2・6・日		青方高継、西浦目青方内屋敷・名田を養子亀法師丸に譲る。	三五五
元亨2・7・10		青方高継、西浦目青方内鮎河浦地頭職を堺深に銭五〇貫文で沽却する。	三五六
元亨2・10・17		鎮西探題、津吉紀の訴状について、山代正に参対を命じる。	三五七
元亨2・11・11		鎮西探題、広瀬了真(国平)と吉田妙心との神崎荘吉田里の相論を裁許し、了真に領知させる。	三五八
元亨3・小2・24	一三二三	青方高継、守護国参用途九六文を納める。	三五九
元亨3・5・15		奈摩浦氏、御使釜得分一〇〇文を納める。	三六〇
元亨3・5・25		鎮西探題、大島通俊と大島定西(通明)との相論を裁許し、定西に領知させる。	三六一
元亨3・7・29		鎮西探題、青方高継の訴状について、舎弟青方高光に弁明することを命じる。	三六三
元亨3・9・1		鎮西探題、青方高継の訴状について、舎弟青方高光に十五日以前に弁明することを命じる。	三六四
元亨3・9・14		鎮西探題、青方高継の訴状について、丹後定に実否を尋問して注申	三六五

		することを命じる。	
元亨3・12・21		鎮西探題、八院教宗の訴状について、山代栄に明め申させる。	三六六
元亨4・6・13	一三二四	鎮西探題、堺深代峯貞の訴状について、青方高継に参対を命じる。	三六八
元亨4・9・15		鎮西探題、青方高継の訴状について、丹後定に青方高光の尋究を命じる。	三六九
元亨4・9・日		青方高継、舎弟青方高光の訴状を退けられるよう訴える。	三七〇、三七一
元亨4・10・18		青方高継、関東早馬に応じて博多に馳参じる。	三七二
元亨4・11・5		鎮西探題、堺童法師丸に青方村内鮎河以下を相伝させる。	四四八
元亨4・11・18		筑前国守護少弐貞経、青方高継に博多住人藤原氏女の所従四人を糺返することを命じる。	三七三
元亨4・11・日		青方高継代青方高直、重ねて青方高光の押領を訴える。	三七四
正中元	一三二四	松浦荘地頭等、最勝光院寺用米を抑留する。松浦荘の領家最勝光院を東寺に寄進する。	四〇四
元亨5・正・9	一三二五	筑前国守護少弐貞経、志佐祝に博多住人藤原氏女の所従について、注申することを命じる。	三七五
元亨5・正・日		博多住人藤原氏女、重ねて青方高継が所従四人を拘惜していることを訴える。	三七六
正中2・2・3	一三二五	伊万里如性(勝)、宇野御厨伊万里浦脇田村武末名田・屋敷等を源善寿丸(授)に譲る。	三七七
正中2・3・4		志佐祝、博多住人藤原氏女の訴えについて、青方高継に明め申させる。	三七九
正中2・3・13		青方高継、藤原氏女の所従は高継の領内に居住しないので、広瀬真	三八〇

正中2・3・日		仏(波佐見親平)に尋ねられるよう請文を出す。	三八一
		松浦荘の領家は菅三位(菅原長宣)家で、年貢米五〇石、綾被物一重であるが、最近は代銭三〇貫文である。しかし文永七年以来、モンゴル襲来のため、所済なき旨注申する。	
元亨5・6・10	一三二五	白魚行覚(時高)、所領等を白魚盛高に譲る。	三八二
正中3・3・7	一三二六	伊万里如性(勝)、所領等を孫福童丸等に譲る。	三八五
嘉暦元・7・17	一三二六	沙彌円覚、宇野御厨年貢等について、斑島厚に注進することを命じる。	三八六
嘉暦2・5・日	一三二七	青方覚性(高継)代青方高直、白魚行覚(時高)跡の輩の青方内浦々に対する濫訴を糺明されることを訴える。	三八七
嘉暦2・6・日		青方覚性(高継)、舎弟青方高光と峯貞が内通して陳状を提出していると訴える。	三八八
嘉暦2・6・日		青方覚性(高継)、白魚行覚(時高)跡輩が掠め申す下浦目の浦々を召渡されるよう訴える。	三八九
嘉暦2・7・4		鎮西探題、青方高光に貝(狩)俣島以下について参対を命じる。	三九〇
嘉暦2・8・17		鎮西探題、丹後省に青方高光の尋問を命じる。	三九一
嘉暦2・閏9・29		青方覚性(高継)と白魚盛高と西浦目内下浦目について和与する。	三九三、三九七
嘉暦2・11・日		青方覚性(高継)、舎弟青方高光等の濫訴を停止されるよう訴える。	三九四
嘉暦3・9・25	一三二八	青方覚性(高継)、一五〇文を納める。	三九五
嘉暦4・5・20	一三二九	宇野御厨荘雑掌円空、斑島請料以下について請文を出す。	三九六
元徳元・9・25	一三二九	鎮西探題、白鳥盛高と青方覚性(高継)代青方高直の相論を和与状に任せて裁許する。	三九七

元徳元・12・23		佐志源光(長)と佐志勤、松浦佐志村と塩津留・神崎両村の堺について相論し和与する。	三九八
元徳元		野村宗仙房、松浦西郷相知村を押妨する。	四一七
元徳2・2・3	一三三〇	鎮西探題、使節高木太郎・飯田定に青方高光・同妹藤原氏跡が訴える神崎荘東郷吉田里田畠・在家等について報告させる。	三九九
元徳2・5・4		白魚盛高、所領を嫡子白魚千代鬼丸(繁)に譲る。	四〇〇
元徳2・5・8		沙彌安蓮、堺深に彼杵荘早岐浦田地屋敷を沽却する。	四〇一
元徳2・壬6・2		青方覚性(高継)、所領等を次男青方高能に譲る。	四〇二
(元徳2)・7・26		松浦荘地頭の最勝光院寺用抑留について尋ね沙汰させる。	四〇三
元徳3・4・日	一三三一	最勝光院所司、松浦荘地頭等、正中元年以来異国要害地として寺用米一二〇石を抑留する旨訴える。	四〇四～四〇六
元徳3・10・23		斑島納、京都騒動により博多に馳参じる。	四〇七
元徳3・12・13		五島那摩人々、寄合う。	四〇八
元徳3・12・20		鰯浦馬二郎、下人半次郎一類を青方高直に避渡す。	四一〇
元徳3・12・21		大宰府御使中村持、鰯浦馬次郎負物があると称して、那摩孫五郎下人半次郎一類を召取ろうとしたが、謀書なので叙用せず、青方高直に沙汰付ける。	四一一、四一三
元徳4・2・28	一三三二	青方覚性(高継)・青方高直、西浦目青方内那摩浜屋敷を青方高能に譲る。	四一四
元徳4・5・11		波多巧、斑島納に宇野御厨荘検注以下について注進させる。	四一六
正慶元・9・8	一三三二	野世宗仙、請文を出す。	四一七
正慶元・11・29		鎮西探題、築地蓮喜と野世西蓮・子息宗仙房との相論を裁許し、蓮	四一七

		喜の知行を安堵する。	
正慶2・3・26	一三三三	松浦党、博多より逐電する。	博多日記
正慶2・3・日		青方覚性(高継)、長門の謀反人誅伐のため馳参じる。	四一八
元弘3・5・25	一三三三	鎮西探題赤橋英時誅伐に、相知蓮賀・子息秀・斑島納・青方高直・中村栄永等馳参じる。	四二〇～四二五
元弘3・7・3		相知蓮賀・子息秀等在京する。	四二〇
元弘3・7・8		相知蓮賀・子息秀、鎮西探題赤橋英時誅伐の軍忠状を進上する。	四二〇
元弘3・7・8		斑島納、鎮西探題赤橋英時誅伐に軍忠を抽んじる。	四二一
元弘3・7・24		少弐妙恵(貞経)、鎮西探題赤橋英時誅伐に馳参じたことを注進する旨、青方高直・斑島納に伝える。	四二四、四二五
元弘3・7・25		建武新政府、肥前国内朝敵与同の輩以外の当知行地を安堵する。	四二八
元弘3・7・27		中村栄永、尊良親王の門宿直を勤仕する。	四二九
元弘3・7・日		山代亀鶴丸(弘)、京都に馳参じる。	四三〇
元弘3・8・29		青方覚性(高継)、和与状に任せて異儀申さない旨書置く。	四三三
元弘3・8・日		山代亀鶴丸(弘)、京都に馳参じ、足利高氏の証判を受ける。	四三四
元弘3・8・日		中村栄永、恩賞に預かりたい旨言上する。	四三五
元弘3・10・16		青方高直、京都に馳参じる。	四三六
元弘3・10・17		青方高直、京都に馳参じ、足利尊氏の証判を受ける。	四三七
元弘3・11・日		青方高直、重代相伝の所領所職を安堵される。	四三八
元弘3・12・日		青方高直、重代相伝の所領の安堵を賜わることを言上する。	四三九
建武元・3・10	一三三四	後醍醐天皇、大島定西(通明)の当知行の所領所職を安堵する。	四四〇
建武元・3・21		後醍醐天皇、相知蓮賀(連)に筑後国下宇治村地頭職を勲功賞として	四四一

年月日	西暦	事項	史料番号
		知行させる。	
建武元・5・1		後醍醐天皇、後藤光明に松浦西郷瀬々浦等を安堵する。	補一
建武元・7・9		中村栄永、規矩高政・糸田貞義誅伐のため馳参じる。	四五三
建武元・7・15		斑島渟・大島通秀等、規矩高政・糸田貞義の謀叛により馳参じる。	四四三〜四四五
建武元・7・日		青方高直、伯父青方高光の濫妨を訴える。	四四六
建武元・8・6		青方高直、所領安堵の牒を賜わらんことを言上する。	四四七
建武元・8・日		青方高直、青方村当知行の由緒を言上する。	四四八
建武元・8・日		峯定代河内清直、青方高直等の濫訴を停止されるよう訴える。	四四九
建武元・9・21		青方高直、後醍醐天皇の石清水八幡宮行幸の辻固を勤仕する。	四五〇
建武元・9・24		青方高直、後醍醐天皇の石清水・賀茂社行幸の辻固を勤仕する。	四五一
建武元・10・6		雑訴決断所、青方高直の青方村地頭職を安堵する。	四五二
建武元・11・28		建武新政府、坂本安に坊所保領家職十分一を沙汰居える。	四五四
建武2・正・11	一三三五	雑訴決断所、斑島納に佐嘉郡内千栗島孫五郎入道跡を沙汰居える。	四五五
建武2・2・30		雑訴決断所、相知蓮賀(連)に下宇治村地頭職半分を沙汰居える。	四五六
建武2・4・27		肥前国守護使五郎三郎、青方分石築地用途六〇文を請取る。	四五七
建武2・7・日		中村栄永、筑前国志登社神宮寺別当職免田を打渡されるよう言上する。	四五八
建武2・10・7		山代亀鶴丸(弘)に父山代正の領知分を安堵する。	四五九
(建武2)11・22		後醍醐天皇、相知蓮賀(連)、大島通秀に足利尊氏以下輩の反逆誅伐のため鎌倉に発向することを命じる。	四六〇、四六一
建武2・11・25		宇野御厨荘雑掌行忠の訴えにより、青方覚性(高継)に参洛を命じる。	四六二
建武2・12・日		山代亀鶴丸(弘)、所領安堵の牒を賜わりたい旨言上する。	四六三

建武2・12・10		雑訴決断所、山代亀鶴丸(弘)に所領安堵の牒を下す。	四六四
建武2・12・11		松浦党、箱根竹下の合戦で新田義貞に属して戦う。	四六五
建武2・12・13		足利尊氏、肥前国守護大友氏泰に新田義貞誅伐のため、一族を相催して馳参ずることを命じる。	四六六、四七二
建武2・12・14		大友貞載、肥前国守護代に命じて、新田義貞誅伐のため参上するよう相触れさせる。	四六七
建武2・12・23		少弐頼尚、青方高直・斑島渟・白魚繁・中村栄永等に新田義貞誅伐のため参上することを命じる。	四六八～四七一
建武3・正・16	一三三六	肥前国守護代斎藤遍雄、青方高直に新田義貞誅伐のため参洛することを命じる。	四七二
建武3・2・10		伊万里満、宇野御厨荘伊万里浦武末名内田地・屋敷を武末授に譲る。	四七三
建武3・2・29		少弐頼尚、中村栄永の有智山合戦の軍忠の実否を安恒定に注進させる。	四八五
建武3・3・2		多々良浜合戦で松浦神田者共、足利尊氏方の降人となるが、尊氏その行動に疑念を抱く。	四七四
建武3・3・3		足利尊氏、菊池・三原輩誅伐のため、石志良覚・青方高直・斑島渟等を招く。	四七五～四七八
建武3・3・3		松浦党を先陣として菊池城に発向する。	四七九
建武3・3・11		青方高直、菊池城搦手で合戦し、疵を被る。	四八一、四八二、五一九
建武3・3・11		斑島渟・石志良覚・安恒定等、菊池城搦手で合戦する。	四八六、四八九、四九二
建武3・3・15		青方高直の軍忠状に仁木義長証判を与える。	四八一
建武3・3・15		中村栄永、高師泰の下に馳参じる。	四八〇

建武3・3・16	中村栄永、菊池城で軍忠を抽んじるため、仁木義長の下に馳参じる。	四八三
建武3・3・17	大島通信、筑後国黒木城を破却する。	四八四
建武3・3・27	足利尊氏、松浦一族に肥前国川副荘・肥後国菊池郡内鹿子木分・日向国浮田荘を勲功賞として充行う。	四八七
建武3・3・27	足利尊氏、松浦一族に日向国浮田荘・肥後国菊池郡内庶子等分・河内国石河荘を勲功賞として充行う。	四八八
建武3・3・日	石志良覚の軍忠状に仁木義長証判を与える。	四八九
建武3・3	大河内覚、足利尊氏鎮西下向の時軍功を抽んじ、上洛に供奉する。	七九四
建武3・卯・日	青方高直、菊池合戦の恩賞として、峯定(貞)の跡西浦目半分地頭職を恩賞として充行われることを言上する。	四九〇
建武3・5・1	石志良覚、筑後国床河で菊池武敏と合戦する。	四九一
建武3・5・2	龍造寺季利、仁木義長の松浦御越に供奉する。	補三、補四
建武3・5・16	青方高直・中村栄永・寒水井八郎・中島孫次郎・篠原河尻九郎・斑島渟・神田五郎三郎・石志満等、筑後国鳥飼・津留・北野原で菊池武敏等と合戦する。	四九三、四九六、四九八、五一九
建武3・5・16	大島通秀・布代為信・船原階等、筑前国平塚で菊池武敏と合戦する。	四九七
建武3・5・日	石志良覚、安恒定の軍忠状に仁木義長証判を与える。	四九一、四九二
建武3・5・日	青方高直、軍忠状を出す。	四九三
建武3・6・17	大河野有、大島定西(通明)に来る廿日以前に上洛することを命じる。	四九四
建武3・6・30	仁木義長、青方高直に勲功賞として筑前国夜須荘内今里村地頭職十五分一を充行う。	四九五
建武3・6・日	中村栄永・大島通秀・斑島渟の軍忠状に仁木義長証判を与える。	四九六～四九八

建武3・7・29		足利尊氏、鎮西に落下した峯貞の誅伐を命じる。	四九九
建武3・8・19		一色道猷(範氏)、肥前国守護代に峯貞の誅伐を命じる。	五〇〇
建武3・8・晦		松浦福島三郎、筑後国豊福原の合戦に馳参じる。	補五
建武3・9・4		石志満・青方高直・山代亀王丸代伊賀光秀等、山城国宇治橋で合戦する。	五〇一、五〇二、五〇四、五一九
建武3・9・日		石志満、青方高直の軍忠状に仁木義長証判を与える。	五〇一、五〇二
建武3・10・8		五島住人等、青方氏に忠節を誓う。	五〇三
建武3・10・日		山代亀王丸代伊賀光秀の軍忠状に仁木義長証判を与える。	五〇四
建武3・12・19		足利直義、青方高直の軍忠を賞す。	五〇五
建武3		松浦党、動乱に乗じて乱妨を働く。	五九三
建武4・3・11	一三三七	足利直義、石志満・斑島渟・大島定西(通明)代三郎・山代亀王丸等の軍忠を賞す。	五〇七～五一〇
建武4・3・20		一色道猷(範氏)、斑島納・青方高直に新田義貞の誅伐を施行する。	五一一、五一二
建武4・4・3		足利直義、山代弘の所領所職を安堵する。	五一三
建武4・4・14		山代亀王丸代秦友長・青方高直・宇久披・志佐有等、肥後国犬塚原の合戦で軍忠を抽んじる。	五一八、五二〇
建武4・4・19		青方高直、肥後国犬塚原の合戦で軍忠を抽んじる。	五五二
建武4・5・7		一色道猷(範氏)、青方高直に対し、今川助時に属して凶徒誅伐を命じる。	五一四
建武4・5・21		饗庭宣遠、中村栄永に筑前国秋月浦に馳参じ、軍忠を抽んじることを命じる。	五一五
建武4・5・28		一色道猷(範氏)、筑後国守護代に命じ、山代弘に所領所職を沙汰付	五一七

建武4・7・4		山代亀王丸代秦友長の軍忠状に一色道猷(範氏)証判を与える。	五一八
建武4・7・23		高師直、松浦一族の日向国浮田荘小松方・大墓別符に対する濫妨を停止する。	補六
建武4・7・日		青方高直・舎弟神崎高能、肥前国安富荘の配分に預かりたい旨言上する。	五一九
建武4・7・日		青方高直、軍忠状を出す。	五二〇
建武4・8・25		大友正全(泰能)、吉野凶徒退治のため大島通秀に発向を命じる。	五二一
建武4・9・3		一色道猷(範氏)、宇久披に峯貞跡についての丹後定と志佐有との相論を計沙汰させる。	五二二
建武4・9・5		一色道猷(範氏)、辻後藤浄全に相知小太郎跡内相智田地六町等を勲功賞として充行う。	補七、補八
建武5・3・3	一三三八	石志照・佐志披等、筑後国石垣山で合戦する。	五四四、五四五
建武5・4・20		松浦一族等の所務沙汰のため相知秀を出頭させる。	五二四
建武5・壬7・6		一色道猷(範氏)、山城国男山の凶徒没落の次第を青方高直に伝える。	五二五
暦応元・8・15	一三三八	光厳上皇院宣により、松浦党の日向国浮田荘内小松方への濫妨を停止させる。	補九
暦応元・9・8		掃部頭某、暦応元年八月十五日光厳院院宣を施行する。	補一〇
建武5・9・12	一三三八	小俣道剰、山代弘が訴えた有河紀の狼藉について、塚崎後藤兵庫允に注申させる。	五二六
建武5・10・17		一色道猷(範氏)、青方人々を筑後国凶徒退治のため軍勢催促する。	五二七
暦応元・11・2	一三三八	野辺・石原・松浦氏等結番する。	五二八

年月日	西暦	事項	文書番号
暦応2・2・20	一三三九	山代弘に筑後国八院村地頭職を沙汰付ける。	五二九
暦応2・2・27		波多昭に山代弘が訴える有河紀の狼藉を尋究させる。	五三〇
暦応2・3・1		青方覚性(高継)、所領等を青方高直に譲る。	五三一
暦応2・4・25		石志定阿(満)、所領所職を石志照・石志披・女房・孫千歳丸等に配分する。	五三二
暦応2・4・25		青方高直、軍忠の感状を賜わる。	五三三
暦応2・4・26		相知安、軍忠の感状を賜わる。	五三四
暦応2・7・8		青方高直、博多警固番役、三十ヶ日を勤仕する。	五三五
暦応2・11・5		松浦一族、恩賞不足について一揆する。	五三六
暦応2・12・5		青方高直、所領知行の支証と軍忠所見状等を注申する。	五三七
暦応2・12・25		松浦一族、恩賞不足について一揆する。	五三八
暦応3・3・19	一三四〇	一色道猷(範氏)、中村勇の軍忠を京都に注進する。	五四一
暦応3・5・14		伊万里増、大河内村山野等について参洛して子細を言上する旨請文を出す。	補一二
暦応3・5・日		青方聞、恩賞を賜わりたいと言上する。	五四二
暦応3・6・8		少弐頼尚、菊池武敏追伐のため中村勇に軍勢を催促する。	五四三
暦応3・9・26		石志照・佐志披・山代亀王丸等、筑後国生葉山で合戦する。	五四四～五四六
暦応3・10・25		石志照の軍忠状に一色道猷(範氏)証判を与える。	五四四
暦応3・10・日		佐志披・山代亀王丸の軍忠状に一色道猷(範氏)証判を与える。	五四五、五四六
暦応3・11・10		少弐頼尚、中村孫五郎に軍勢催促状を出す。	五四七
暦応4・3・24	一三四一	沙彌某、伊万里彌二郎に肥前国綾部村田畠以下について参対することを命じる。	補一三

暦応4・3・27		一色道猷(範氏)、斑島納に勲功賞を充行う。	五四八
暦応4・閏4・4		神田調に松浦安良久田田地十町地頭職を沙汰付ける。	五五〇
暦応4・6・日		伊万里増、大河内覚の濫訴を停止されるよう言上する。	補一四
暦応4・9・10		斑島納に相知秀が訴える相知村内給人について注進させる。	五五一
暦応5・4・29	一三四二	青方高直の軍忠状に一色道猷(範氏)証判を与える。	五五二
康永元・7・27	一三四二	藤原某、妙音寺への甲乙人の濫妨退治を命じる。	補一九
康永元・9・日		志賀頼房、松浦以下の九州の国人等過分の褒賞に預かる旨を言上する。	補二〇
康永元・11・7		佐志勤、所領所職を嫡子佐志成・二男佐志披・三男佐志湛・四男佐志彦隈丸・五男万寿丸・六男宝寿丸・女子姫寿女・女房等に配分する。	五五三〜五六〇
康永2・4・11	一三四三	青方高直、肥前国安富荘恩賞地を諸子に配分する。	五六一
康永2・4・11		青方高直、所領等を青方彦熊丸(重)に譲る。	五六二、五六三
康永2・卯・13		大河内覚、宇野御厨荘大河内村地頭職・恩賞地等を嫡子大河内松一丸(宥)に譲る。	五六四
康永2・5・14〜7・3		山代遶・斑島渟・峯定(貞)・佐志披・吉永正等、筑後国竹井城で合戦する。	五六六〜五六八、五七〇、五七一
康永2・5・29		大島聞、筑後国竹井城で合戦する。	五六五
康永2・7・7		大島聞の軍忠状に一色道猷(範氏)証判を与える。	五六五
康永2・7・25		山代遶の軍忠状に一色道猷(範氏)証判を与える。	五六六
康永2・7・25		峯定(貞)、本領安堵を言上する。	五六九
康永2・7・日		峯定(貞)・佐志披・吉永正等の軍忠状に一色道猷(範氏)証判を与える。	五六八、五七〇、五七一
康永2・11・26		一色道猷(範氏)、御厨小次郎に勲功賞を充行う。	五七二

康永3・卯・1	一三四四	青方重と峯定(貞)との相論落居する。	五七三
康永3・5・24		白魚繁・沙彌円心、西浦部内白魚の沙汰について契約する。	五七四
康永3・5・24		青方高直、松浦一族山口忍性房に肥前国安富荘田地七反を避渡す。	五七五
康永3・6・6		一色道猷(範氏)、大島聞に勲功賞を充行う。	五七六
康永3・7・24		平宗国、有河紀の狼藉について請文を出す。	五七七
康永4・3・17	一三四五	松浦清、今福歳宮大宮司に造営興行神事祈禱を勤めさせる。	五七八
康永4・7・4		御使某、青方氏の先祖釜用途二〇〇文を請取る。	五七九
康永4・7・4		御使某、青方氏那摩浦の釜用途一〇〇文を請取る。	五八〇
康永4・11・16		一色道猷(範氏)、山代弘に勲功賞を充行う。	五八一
貞和元・11・24	一三四五	足利尊氏、相知蓮賀(連)に勲功賞を充行う。	五八二
貞和2・5・22	一三四六	吉良貞家、松浦一族に軍勢催促状を出す。	五八三
貞和2・8・17		源某、肥前国河副荘支配について請文を出す。	五八八
貞和2・11・26		松浦一族、肥前国河副荘を孔子配分する。	五八九
(正平2)・7・20	一三四七	中院義定、松浦党南朝方に味方し、大宰府を攻めようとしていることを報じる。	五九〇
貞和4・11・4	一三四八	佐志勤に佐志・見留加志浦内田地六段・屋敷一所を預ける。	五九一
貞和5・6・4	一三四九	藤三郎、塩釜について起請文を出す。	五九四
貞和5・壬6・20		覚心、青方領内の検注について請文を出す。	五九六
貞和5・後6・26		一色道猷(範氏)、斑島納の知行分中原名・元弘以後の新田を安堵する。	五九七
貞和6・2・17	一三五〇	足利直冬、大河内宥に軍勢催促状を出す。	五九八
貞和6・2・28		足利直冬、斑島納に軍勢催促状を出す。	五九九

貞和6・3・20		山代弘、嫡子ちやうかめまろに所領所職を譲る。	六〇〇
観応元・3・25	一三五〇	相知秀を左衛門少尉に任じる。	六〇一
貞和6・3・24	一三五〇	武末授、今川直貞の下に馳参じる。	六〇七
貞和6・3・27		青方繁、春日・烏帽子嶽で宿直警固する。	六〇八
貞和6・4・21		足利直冬、大島聞・青方繁に勲功賞を充行う。	六〇二〜六〇四
貞和6・5・1		武末授、肥前国須古城合戦で軍忠を抽んじる。	六〇七
観応元・5・3	一三五〇	一色直氏、足利直冬以下凶徒退治のため、中村勇・青方高直に軍勢催促状を出す。	六〇五、六〇六
貞和6・5・13	一三五〇	武末授、青方繁の軍忠状に今川直貞証判を与える。	六〇七、六〇八
貞和6・5・16		松浦清、年宮に今福浦内田地一反を寄進する。	六〇九
貞和6・5・16		松浦清、大明神に今福浦内田地を寄進する。	六一〇
(観応元)・6・8	一三五〇	一色師光、波多巧・青方高直の忠節を注進する。	六一一、六一二
観応元・6・日		松浦飯田集、鳥屋村内田地八町・山浦村内田地五町を天満宮雑掌に沙汰付けた旨請文を出す。	六一三
観応元・7・26		青方高直、嫡子青方繁に所領所職を譲る。	六一四
貞和6・9・8	一三五〇	足利直冬、斑島納の戦功を賞する。	六一五
貞和6・9・10		足利直冬、武末授の忠節を賞する。	六一六
観応元・9・11	一三五〇	足利尊氏、佐志披に勲功賞を充行う。	六一七
貞和6・9・15	一三五〇	足利直冬、鮎河又六に軍勢を催促する。	六一八
貞和6・9・20		足利直冬、大島聞の忠節を賞する。	六一九
(貞和6)・9・28		少弐頼尚、足利直冬に与同して鮎河信に軍勢を催促する。	六二〇
観応元・10・2	一三五〇	日高八郎、足利直冬已下の凶徒退治のため長門に打越す。	六三七

観応元・10・19		足利尊氏、相知秀に勲功賞を充行う。	六二一
観応元・10・28		相知秀、中国に供奉する。	六三六
観応元・11・15		一色直氏、足利直冬・少弐頼尚退治のため斑島納に軍勢を催促する。	六二二
貞和6・11・21	一三五〇	少弐頼尚、武末授の恩賞地所望を取次ぐ。	六二三
貞和6・11・日		中村勇、所領所職の安堵を所望し、足利直冬安堵する。	六二四
貞和6・11・27		足利直冬、中村勇の着到を賞する。	六二五
貞和6・11・日		斑島納・中村勇・青方重(繁)・神崎義等所領所職の安堵を所望し、足利直冬安堵する。	六二六〜六二八
貞和6・12・2		後藤経明、松浦坂本護の当知行相違ない旨請文を出す。	六二九
観応元・12・30	一三五〇	相知秀、備州福岡に供奉する。	六三六
貞和6・12・日	一三五〇	中村近、所領所職の安堵を所望し、足利直冬安堵する。	六三〇
観応2・正・15	一三五一	相知秀、山城国三条河原合戦に軍忠を抽んじる。	六三六
観応2・正・16		相知秀、丹波・播磨書写・坂本・瀧野・兵庫等に転戦する。	六三六
観応2・正・28		一色直氏、足利直冬・少弐頼尚退治のため、松浦に赴き軍勢を催促する。	六三一、六三二
観応2・2・17		相知秀、摂津国打出合戦に軍忠を抽んじ、勲功賞として甲を賜わる。	六三六
観応2・2・19		相知秀、片時も御前を離れず軍忠を抽んじる。	六三六
観応2・2・26		相知秀、兵庫より京都まで供奉し、在京する。	六三六
貞和7・3・11	一三五一	大河野彦三郎に命じて、武雄社寄進地肥前国吉田村を社家雑掌に沙汰付させる。	六三三
観応2・3・15	一三五一	一色道猷(範氏)、中村互に勲功賞として筑前国勢戸村田地三〇町地頭職を充行う。	六三四

(観応2)・3・17		鮎河信、恩賞地を所望する。	六三五
観応2・7・日		相知秀、軍忠状を提出する。	六三六
観応2・7・28		相知秀、近江国石山に供奉する。	六四一
観応2・8・18		相知秀、近江国下向に供奉し、鏡宿・武者寺・四十九院・小野・大覚寺・醍醐寺・長峯・八重山・新庄大御堂・千松原漏山の陣に馳参じる。	六四一
観応2・8		下松浦一族、足利直冬に与同し、肥前国小城郡晴気山に陣を取る。	六四九、六五〇、六五八
観応2・9・10		一色道猷(範氏)、日高八郎の忠節を京都に注進する。	六三七
観応2・9・29		日高八郎・波多披・斑島納等、筑後国床河陣で軍忠を抽んじる。	六三八、六四二、六六二
観応2・10・3		一色道猷(範氏)、日高八郎の忠節を京都に注進する。	六三八
観応2・10・3		一色道猷(範氏)、佐志授に勲功賞を充行う。	六三九
観応2・10・14		相知秀、足利尊氏の上洛に供奉する。	六四二
観応2・10・20		松浦正崎三郎、筑前国富永郷名々の苅田狼藉をする。	六四一
観応2・10・27		相知秀、軍忠状を提出する。	六四二
観応2・10・日		波多披、軍忠状を提出し、一色道猷(範氏)証判を与える。	六四三
正平6・11・1	一三五一	征西将軍宮、波多披の本領を安堵する。	六四四
(観応2)・11・18	一三五一	一色直氏、波多披の忠節を賞する。	六四五
観応2・11・21		斑島納の所領安堵のため松浦一族一揆する。	六四六
観応2・11・日		上松浦一族、一色道猷(範氏)に与同する。	六四七
観応2・12・20		一色範光、松浦党以下の小城発向を賞する。	六四八
観応2・12・20		一色道猷(範氏)、下松浦一族等足利直冬に与同し、小城に寄せ来る際の今村利広の軍忠を賞する。	六四九、六五〇

観応2・12・21		足利直冬、志佐有に命じて松浦小豆弥五郎等の箱崎宮領壱岐島瀬戸村・椙原村への押妨狼藉を停止し、雑掌に沙汰付させる。	六五一
観応2・12・25		足利直冬、武末授・西原鬼熊丸・相知築地正・大島聞等に勲功賞を充行う。	六五二〜六五五
(観応2)・12・29		一色道猷(範氏)、青方人々に吉野との合体を伝える。	六五六
正平7・正・20	一三五二	足利尊氏、松浦(相知)秀に勲功賞として、相模国愛甲荘内上椙能憲跡地頭職を充行う。	六五七、六六九
観応3・2・1	一三五二	足利直冬、五島内日島浦の替として、伊東祐武に杵島郡西浦三〇町・松浦郡宇良三〇町地頭職を充行う。△	六五九
観応3・2・9		松浦清、壱岐島内物部荘内田地五段を今福浦五社に寄進する。	六六〇
(正平7)・2・18	一三五二	一色直氏、波多祝に関東合戦の勝利を伝える。	六六一
観応3・2・20	一三五二	相知秀、武蔵国金井原合戦で討死する。	六六七、六七〇
観応3・閏2・20		松浦尚、京都合戦ならびに近江国に供奉する。	六六八
正平7・3・5	一三五二	一色道猷(範氏)、斑島納の筑後国床河合戦での軍忠を賞す。	六六二
観応3・3・18	一三五二	沙彌蓮迎、妙音寺に重代相伝の私領を寄進する。	六六三、六六四
観応3・3・20		足利尊氏、松浦太郎に感状を与える。	六六七
観応3・卯・8		沙彌蓮迎の妙音寺への寄進状に松浦一族後証のため一揆し、連署を加える。	六六三
観応3・5・8		足利義詮、松浦尚に感状を与える。	六六八
観応3・6・29		足利直冬、五島内日島浦の替として伊藤祐武に杵島郡西浦三〇町・松浦郡宇良三〇町地頭職を充行う。△	六七一
観応3・8・4		松浦清、屋夫佐社・早馬社に肥前国三重屋荘内田地一段を寄進する。	六七二、六七三

観応3・8・4		松浦持、今福浦年宮・今福浦波山社に小城郡内田地一段を寄進する。	六七四、六七五
観応3・9・10		足利直冬、松浦丹後又次郎庶子宗幸の箱崎宮神領押妨を停止し、社家に返付させる。	六七六
観応3・9・24		隈小次郎の違乱を退け、斑島行法代官に打渡す。	六七七
観応3・10・1		一色道猷(範氏)、斑島行法に肥後国天草志岐浦地頭職を勲功賞として充行う。	六七八
観応3・10・25		松浦理、青方氏と御厨荘内西浦目の所領を中分する。	六七九、六八〇
文和元・10・26	一三五二	島津師久に松浦荘内早湊村地頭職を沙汰付ける。	六八一
(文和2カ)2・15	一三五三	足利義詮、松浦持に豊前国吉田村を安堵する。	六八二
文和2・11・6		田原正曇、松浦持に豊前国吉田村を譲る。波多方半分は本主降参により去り渡す。	六八三
文和2・12・25		足利尊氏、波多披に松浦波多庶子等跡・伊万里三郎等跡を勲功賞として充行う。	六八四
正平8	一三五三	神崎荘住人吉田藤次郎、青方氏の神崎荘内田地三町・屋敷・畠地を相伝する。	七三六
(正平9カ)5・9	一三五四	青方重・神崎義等一揆して伊万里建に乗船粮米以下雑物を押留される旨を訴える。	六八五
正平9・7・16		伊万里建、青方重・神崎義等が訴える乗船・粮米抑留は不実の旨陳じる。	六八六
正平10・8		大河内宥、南朝方の肥前発向に供奉し、さらに豊後・豊前両国の凶徒退治のための下向にも供奉する。	六八七
正平10・11		大河内宥、軍忠状を提出する。	六八七

(延文元ヵ)8・1	一三五六	一色直氏、波多披に軍勢を催促する。	六八九
延文元・9・3		足利義詮、上津浦左京亮の戦功を賞する。	六九〇
延文元・11・14		足利義詮、松浦三郎左衛門尉の近江国供奉を賞する。	六九一
(延文2)2・7	一三五七	兵庫助氏量、近日足利尊氏九州に下向する旨を伝え、波多披を招く。	六九二
正平12・4・29	一三五七	白魚政、西浦部佐尾・白魚の所領を嫡子乙若丸に譲る。	六九三
正平12・壬7・22		白魚政、筑後国三潴荘内弘安恩賞地得分を性蓮房に進める。	六九四
正平12・8・25		斑島納、海賊五人を討留める。	六九六
延文3・2・9	一三五八	松浦時、上松浦初郷神田を藤崎葛松山権現に寄進する。	六九七
正平13・	一三五八	吉田藤次郎、筑前国福童原合戦で北朝方に与同し、神崎荘内田地三町等を没収され、家兼の料所となる。	七三六
延文4・7	一三五九	松浦党佐志将監・田平左衛門蔵人等、少弐頼尚の配下として戦う。	六九八
延文4・卯・5		島津道鑑(貞久)、所領を松浦女房に譲る。	六九九
(延文5)・卯・9	一三六〇	少弐冬資、佐志強を招く。	七〇〇
延文5・壬4・13		斑島行法、斑島厚に斑島地頭職等所領を譲る。	七〇一
(延文5ヵ)・7・12		宗経茂、波多披と凶徒退治を申談じる。	七〇三
(延文5ヵ)・9・14		少弐頼尚、波多披に使者を遣す。	七〇四
正平15・9・28	一三六〇	征西将軍宮、妙音寺領を安堵する。	七〇五
(延文6)・2・6	一三六一	斯波氏経、上松浦人々に近日鎮西凶徒退治のため発向の旨を伝える。	七〇七
延文6・2・22		足利義詮、上松浦人々に斯波氏経を鎮西に差遣す旨を伝える。	七〇八
延文6・4・26		青方重、西浦部青方所領等を相博する。五島住人等後証のため孔子次第で加判する。	七〇九
正平16・7・17	一三六一	松浦以下凶徒飯盛・細峯城に引き退く。	七一一

延文6・7	一三六一	龍造寺家平、菊池武光等凶徒退治のため松浦に馳参じる。	七一二
延文6・7		上・下松浦党三千余騎、飯盛山に打上り、打負けて油山に逃れる。	七一三、七一四
(康安元)・10・10	一三六一	上総介某、波多披に斯波氏経の豊後到着を伝える。	七一五
正平16・11・14	一三六一	征西将軍宮、青方氏の馳参を賞する。	七一六
康安元・11・22	一三六一	斯波氏経、波多授に軍勢を催促する。	七一七
正平16	一三六一	吉田藤次郎跡、南朝方に降参するにより、神崎荘一町五段を返付される。残半分一町五段は家兼跡が知行する。	七三六
康安2・2・12	一三六二	斯波氏経、波多授に軍勢を催促する。	七一八
康安2・3・2		斯波氏経、波多授の軍忠を賞する。	七一九
康安2・4・11		斯波氏経、波多授の軍忠を賞する。	七二〇
康安2・8・29		斯波氏経、斑島源次郎に由津利葉三郎跡満沢三〇町を預ける。	七二一
正平17・9・25	一三六二	松浦凶徒、斯波氏経に与同し、鏡・浜崎に打寄せる。	七三二
正平17・9		松浦凶徒、斯波氏経に与同し蜂起する。	七三二
正平17・9・27		征西将軍宮、青方重の当知行地を安堵する。	七二三
(康安2カ)・10・3	一三六二	少弐冬資、波多披に軍勢を催促する。	七二四
正平17・10・8	一三六二	神崎荘政所に命じて、青方重の神崎荘内田地三町・屋敷・畠地等の知行年限、相伝の次第等を注申させる。	七二五
正平17・10・8		征西将軍宮、大島源次の当知行所領を安堵する。	七二六
正平17・10・11		後藤基藤、青方重の神崎荘内三町分の当知行の実否を存知しない旨の請文を出す。	七二七
正平17・10・26		征西将軍宮、青方重・鮎河信の筑前国長者原合戦の軍忠を賞する。	七二八、七二九
貞治元・10・27	一三六二	松浦上・下一揆、斯波氏経に与同する。	七三一

康安2・11・20	一三六二	波多祝一族、筑前国片岡で斯波氏経に与同し合戦して、父波多披・兄諸浦強討死する。	七三四、八七七〜八七九
正平17・11・27	一三六二	征西将軍宮、松浦中島五郎の筑前国得永合戦の軍忠を賞する。	七三三
康安2・11・30	一三六二	波多祝、北朝方に軍忠状を提出する。	七三四、八二八
正平17・11・日	一三六二	青方重、征西将軍宮に蒙古合戦勲功地神崎荘田地三町の安堵を所望する。	七三五
正平17・12・2		左衛門尉直治、青方重の神崎荘内田地三町等について請文を出す。	七三六
正平17・12・7		征西将軍宮、青方重・白魚政の筑前国怡土陣での忠節を賞する。	七三七、七三八
(貞治元)12・19	一三六二	少弐頼泰、波多披の討死を悼む。	七三九、八二九
貞治2・6・8	一三六三	妙音寺への甲乙人等の乱入狼藉を禁じる。	七四〇
(貞治2カ)6・29		少弐冬資、波多祝に軍勢を催促する。	七四一
正平18・9・26	一三六三	征西将軍宮、下松浦一族の文永・弘安・元弘の勲功賞を安堵する。	七四二
正平19・8・5	一三六四	了満・正七等、筑後国三潴荘田地について起請文を提出する。	七四三
正平19・10・23		征西将軍宮、斑島女地頭の当知行地を安堵する。	七四四
正平20・12・13	一三六五	白魚繁、所領所職を八郎丸に譲る。	七四五
正平21・8・22	一三六六	宇久・有河住人等、寄合網代の相論を一揆治定する。	七四六
貞治(6カ)・7・26	一三六七	渋川義行、波多祝に軍勢を催促する。	七四七
正平22・8・28	一三六七	征西将軍宮、大島刑部丞の軍忠を賞する。	七四八
正平23・卯・13	一三六八	波多宏、波多授と千々賀種定との斑島の相論について請文を出す。	七四九
貞治7・7・17	一三六八	渋川義行、波多授の軍忠を賞する。	七五〇
正平24・卯・5	一三六九	松浦直、松洞庵に田畠三町を寄進する。	七五一
正平25・5・8	一三七〇	征西将軍宮、斑島米寿の当知行地を安堵する。	七五二

正平25・8・9	一三七〇	青方重、青方固に青方村以下所々地頭職を譲る。	七五三
応安4・7・22	一三七一	今川了俊(貞世)、斑島女地頭の軍忠を賞する。	七五四
建徳2・7・日		白魚乙若丸、筑後国三潴荘是友名内田地・屋敷の安堵を所望する。	七五五
(建徳2カ)9・21		得益長覚、本江経家に筑後国三潴荘是友名白魚分についての相論の停止を勧める。	七五六
応安4・10・3	一三七一	今川了俊(貞世)、波多祝に軍勢を催促する。	七五七
応安4・11・19		今川頼泰、松浦呼子津に下着する。	七六四、七八四
応安4・11・21		今川頼泰、長田次郎四郎・長田小三郎・柚崎彦三郎の軍忠を賞する。	七五八～七六〇
応安4・11・22		龍造寺熊龍丸・斑島地頭尼代、呼子津・金屋・相知等に転戦する。	七六三、七六四
建徳2・12・23	一三七一	宇久江伝、河上社に安富河島内田地五段を寄進する。	七六一
応安5・2・日	一三七二	斑島地頭尼代某、軍忠状を提出し、今川頼泰より証判を受ける。	七六四
(応安5カ)3・17		佐志長・孝阿等、一族中の一大事沙汰のため一揆する。	七六五
(文中元カ)5・10	一三七二	宇久覚、青方氏の同心を求める。	七六六
応安5・7・22	一三七二	佐志長等一揆する。	七六七
(文中元カ)10・3	一三七二	宇久覚、松尾剛・安永某に征西将軍宮方への与同を求める。	七六八
(文中元カ)10・3		宇久覚、青方固と同道する。	七六九
文中元・10・23		征西将軍宮、青方固の烏帽子嶽・有智山・高良山御陣での忠節を賞する。	七七一
応安6・5・6	一三七三	宇久・有河・青方・多尾一族等一揆契諾を結ぶ。	七七二
応安6・7・18		今川了俊(貞世)、鮎河但馬介に軍勢を催促する。	七七三
応安6・9・2		青方重、所領所職を一貫五〇〇文で沽却する。	七七四
応安6・9・29		今川了俊(貞世)、波多祝に参陣を命じる。	七七五、補三

(応安6)閏10・22		今川了俊(貞世)、波多祝の乱入を止める。	七七六、補三
(応安6)12・12		今川頼泰、波多祝の征西将軍宮方への与同を防止する。	七七七、補三
応安7・4・5	一三七四	今川了俊(貞世)、松浦一族の筑前国板持荘への違乱を停止する。	七七八
応安7・5・28		宇久氏と有河氏の網得分についての相論を寄合裁く。	七七九
(応安7ヵ)8・19		島津氏久、波多氏に野心ありと禰寝久清に報じる。	七八〇
(応安8ヵ)4・日	一三七五	大河内宥所々での軍忠状を提出する。	七八一
応安8・6・19		宇久勝、中浦目内宿浦について押書状を出す。	七八二
永和元・12・17	一三七五	今川頼泰、筑前国綱分・豊前国弓削田領家職を山代豊前守に兵粮料所として預ける。	七八五
(永和2)正・16	一三七六	今川了俊(貞世)、波多祝に近日中に大将を差遣す旨を伝える。	七八六
(永和2)正・23		今川了俊(貞世)、阿蘇大宮司惟村に波多一人心替りの旨を伝える。	七八七
永和2・2・14		今川了俊(貞世)、大河野聖本跡を伊万里貞に沙汰付ける。	七八八
(永和2)2・15		今川了俊(貞世)、佐志氏に中賀野義員を黒河に遣す旨を伝える。	七八九
(永和2)2・18		中賀野義員、波多祝に伊万里浦内中原に到着する旨を伝える。	七九〇
(永和2)3・2		今川頼泰、中賀野義員に松浦人々と申談じ、此方よりの指示を待つようにと伝える。	七九一
(永和2)5・7		今川了俊(貞世)、阿蘇大宮司惟村に松浦路で南北両勢対立する旨を報じる。	七九二
永和2・10・7		波多祝、大和権守に任じられる。	七九三
永和2・10・日		大河内宥、伊万里浦大河内村恒吉女子押領分について裁許に預りたい旨言上する。	七九四
永和3・3・12	一三七七	今川了俊(貞世)、相知氏に波多助三郎凶徒となり楯籠る旨を伝える。	七九五

永和3・3・12		今川了俊(貞世)、大河野聖本跡向村を伊万里貞に沙汰付ける。	七九五
永和3・3・16		今川了俊(貞世)、波多祝に筑後国三池本郷内波多広・有田跡の公験を出帯するよう命じる。	七九六
永和3・3・17		青方重、鰹網・鮪網・海豚網を知行するようにとの置文を作る。	七九七
永和3・3・17		青方重、次男青方彦四郎に青方内田畠等を譲る。	七九八
永和3・4・15		鮎河道円・昵、青方氏に青方浦の網代を二三貫文で沽却する。	七九九
永和3・5・19		今川了俊(貞世)、伊万里貞に大河野向村を沙汰付ける。	八〇〇
永和3・6・1		青方進、神崎氏に網代を二貫三〇〇文で売渡す。	八〇一
永和3・6		大島政・大島堅、肥後国志々木原・大水山関・板井・合志・菊池・隈本城等の合戦に軍忠を抽んじる。	八〇二、八〇三
永和3・9・日		大島堅・大島政の軍忠状に今川義範証判を与える。	八〇二、八〇三
(永和3カ)10・4		今川了俊(貞世)、佐志氏に波多の事について申合すことを命じる。	八〇四
永和3・11・日		波多祝、多年の軍功により所領安堵を所望する。	八〇五
永和4・5・3	一三七八	今川了俊(貞世)、松浦馬場若狭権守・松浦因幡権守に命じ、筑前国吉富名を安楽寺雑掌に去渡させる。	八〇六
永和4・6・1		尼聖阿彌陀仏、松浦西郷和多田村内田地二段を青方固に売渡す。	八〇七
永和4・10・26		大島実・大島政・大島堅・大島勝、筑後国黒木陣警固に供奉する。	八〇八〜八一一
永和4・10・28		大島実・大島政・大島堅・大島勝、筑後国耳納山城攻めに軍功を抽んじる。	八〇八〜八一一
永和4・10・28		波多祝、筑後国耳納山合戦で討死する。	八一三、八七七〜八七九
永和4・11・日		大島実・大島政・大島堅・大島勝の軍忠状に今川義範証判を与える。	八〇八〜八一一
永和5・4・7	一三七九	青方重、孫青方近に青方村地頭職を譲る。	八一二

康暦元・6・23	一三七九	はまくまのさいねん置文を残す。	八一三
康暦元・10・4		今川了俊(貞世)、波多祝跡に波多村地頭職を安堵する。	八一四
康暦元・11・27		今川仲秋(頼泰)、波多祝跡に波多村地頭職を沙汰付ける。	八一五
永徳元・6・3	一三八一	今川了俊(貞世)、波多武に波多村の相続の公験の出帯を命じる。	八一六
永徳元・10・4		山代栄、楠久亀に楠久村田畠・屋敷等を去渡す。安富・河副・神崎は山代栄が知行する。	八一七
永徳元・10・15		今川了俊(貞世)、佐志寺田阿訪次郎に波多武の押妨を退けさせる。	八一八
永徳元・10・21		今川了俊(貞世)、青方重に御厨荘内青方本領当知行地を安堵する。	八一九
永徳元・11・25		宇久覚、阿野対馬の嫡子犬太郎を養子とする。	八二〇
永徳2・閏正・日	一三八二	青方重の軍忠状に今川仲秋(頼泰)証判を与える。	八二一
永徳2・4・5		今川了俊(貞世)、有浦女地頭千代寿に松浦西郷佐志村内有浦田畠・屋敷・山野河海・保志賀浦海夫・船以下地頭職を沙汰居させる。	八二二
永徳2・5・7		今川仲秋(頼泰)、長瀬泰貞に命じて、有浦女地頭千代寿代に松浦西郷佐志村内有浦田畠・屋敷・山野河海・保志賀浦海夫・船以下地頭職を沙汰付させる。	八二三
永徳2・6・8		長瀬泰貞、永徳二年五月七日今川仲秋(頼泰)施行状を遵行する。	八二四
永徳2・7・16		今川了俊(貞世)、筑前国早良郡内野村の年貢半済分は社家が沙汰し、下地は寺田勇に知行させる。	八二五、補三
(永徳2カ)7・28		寺田勇の筑前国内野村の知行子細なき旨を伝える。	八二六、補三
永徳2・10・9		今川了俊(貞世)、有浦女地頭千代寿に有浦跡を安堵する。	八二八
永徳2・12・11		今川了俊(貞世)、上松浦一族に諸浦与と波多祝の女子との諸浦強跡について注申を命じる。	八二九

永徳3・2・25	一三八三	沙彌連覚・尼祚聖、ひめつる女に松浦西郷斑島惣領職を譲る。	八三〇
永徳3・卯・8		今川仲秋(頼泰)、河副荘南里米津土居外干潟・荒野・同河上仁王講免等への松浦人の違乱を退け、高城寺に沙汰付ける。	八三一
永徳3・7・1		佐志学・佐志留等、斑島の事について一揆する。	八三二
永徳3・7・13		五島住人等、宿浦かう阿彌跡について寄合裁く。	八三三
永徳3・7・13		五島住人等、宿浦の屋敷について寄合裁く。	八三四
永徳3・10・26		青方重、次男孫益熊丸に五島西浦部青方内所領・屋敷等を譲る。	八三五
永徳3・11・23		今川了俊(貞世)、石志文書十七通に証判を加える。	五四四
永徳3・12・14		今川仲秋(頼泰)、山代豊前守に壱岐国物部荘三分一を兵粮料所として預ける。	八三六
永徳4・2・23	一三八四	下松浦住人等一揆契諾を結ぶ。	八四二、八四三
至徳元・8・21	一三八四	今川了俊(貞世)、上下松浦一族に河上社造営段別銭を沙汰させる。	八四六、八四七
至徳2・5・3	一三八五	五島住人等、青方氏との相論を寄合裁く。	八四八
至徳2・9・28		足利義満、筑後国白垣村東西地頭職・蕀津孫三郎入道跡を酒見武教に安堵する。	八四九
至徳3・8・22	一三八六	白魚糺、甥法師を養子として所領を譲る。	八五〇
至徳4・10・10	一三八七	今川了俊(貞世)、有浦女地頭千代寿代に筑前国井田原を安堵する。	八五一、補三
嘉慶2・卯・13	一三八八	海夫犬王を質銭一貫五〇〇文の替として青方氏に永代売渡す。	八五三
嘉慶2・6・1		下松浦住人等、一揆契諾を結ぶ。	八五四
嘉慶3・2・29	一三八九	青方浄覚、五島青方の所領等を了円に譲る。	八五五
嘉慶(3カ)・8・23		沙彌宗正、次郎三郎長に壱岐島吉永領内田地・畠地を譲る。	八五六
康応元・6・晦	一三八九	有浦女地頭千代寿代に筑後国三池北郷甘木村地頭職を沙汰居する。	八五七、補二

康応2・正・23	一三九〇	青方浄覚、孫益熊丸に五島西浦部青方の屋敷を譲る。	八六一
康応2・正・23		青方浄覚、子息彦四郎に五島西浦部青方地頭職を譲る。	八六二
明徳元・正・吉	一三九〇	源延、宛陵寺に居屋敷・畠地等を寄進する。	八六三
明徳2・卯・4	一三九一	松浦定、八幡社に一反代五五〇文を寄進する。	八六四
明徳2・12・15		立金・慈性、大河野村内向村正本跡田地の坪付注文を提出する。	八六五
明徳3・6・22	一三九二	御会所梅崎で番立を定める。	八六六
明徳3・7・5		下松浦住人等、一揆契諾を結ぶ。	八六七
明徳4・正・5	一三九二	松浦定、今福内の所領を預置く。	八六八
明徳4・正・11		青方浄覚、了円が船持つ時は津泊を禁じないようにとの置文を残す。	八六九
明徳4・正・11		青方浄覚・青方固、了円一期の後は青方進に知行させる。	八七〇
明徳4・正・11		青方浄覚・青方固、所領等を入道某に譲る。	八七一、八七二
明徳4・2・25		築地孫四郎入道禅正の住宅に妙音寺を建立する。	八七三
明徳4・6・1		源結、御厨荘西浦部内青方田地を宇久の田地と相博する。	八七四
明徳4・8・11		僧妙融、黒岩医王寺住持職を融能首座に譲る。	八七五
明徳4・9・24		穏阿等惣領に軍役が懸けられた時の分担を定める。	八七六
明徳4・10・日		波多祝後家・女子源氏代定慶、波多一跡本領の安堵を所望する。	八七七、八七八
明徳4・11・日		波多祝女子源氏代政、波多村以下散在所領等の安堵を訴える。	八七九
明徳5・3・18	一三九三	沙彌道金・寺田茂、有浦跡相論で波多氏が安堵を賜る旨請文を出す。	八八〇
明徳5・6・30		某、五島青方内栗林等を松田氏に譲る。	八八一
明徳5・12・2		松浦定、今福歳宮修理田に田地を寄進する。	八八三

平成十六年三月二十日　印刷
平成十六年三月二十五日　発行

定価　本体九、〇〇〇円（税別）

松浦党関係史料集　第三
編集　瀬野精一郎

発行者　太田史
印刷所　株式会社　平文社
東京都豊島区南大塚二丁目三五番七号
発行所　株式会社　続群書類従完成会
東京都豊島区北大塚一丁目一四番六号
電話　〇三（三九一五）五六二一
振替　〇〇一二〇－三－六二六〇七

ISBN4-7971-0634-4

史料纂集既刊書目一覧表

⑦⑦	師郷記	3
⑦⑧	妙法院日次記	3
⑦⑨	田村藍水西湖公用日記	全
⑧⓪	花園天皇宸記	3
⑧①	師郷記	4
⑧②	権記	2
⑧③	妙法院日次記	4
⑧④	師郷記	5
⑧⑤	通誠公記	1
⑧⑥	妙法院日次記	5
⑧⑦	政覚大僧正記	1
⑧⑧	妙法院日次記	6
⑧⑨	通誠公記	2
⑨⓪	妙法院日次記	7
⑨①	通兄公記	1
⑨②	妙法院日次記	8
⑨③	通兄公記	2
⑨④	妙法院日次記	9
⑨⑤	泰重卿記	1
⑨⑥	通兄公記	3
⑨⑦	妙法院日次記	10
⑨⑧	舜旧記	6
⑨⑨	妙法院日次記	11
⑩⓪	言国卿記	8
⑩①	香取大禰宜家日記	1
⑩②	政覚大僧正記	2
⑩③	妙法院日次記	12
⑩④	通兄公記	4
⑩⑤	舜旧記	7
⑩⑥	権記	3
⑩⑦	慶長日件録	2
⑩⑧	鹿苑院公文帳	全
⑩⑨	妙法院日次記	13
⑪⓪	国史館日録	1
⑪①	通兄公記	5
⑪②	妙法院日次記	14
⑪③	泰重卿記	2
⑪④	国史館日録	2
⑪⑤	長興宿禰記	全
⑪⑥	国史館日録	3
⑪⑦	国史館日録	4
⑪⑧	通兄公記	6
⑪⑨	妙法院日次記	15
⑫⓪	舜旧記	8
⑫①	妙法院日次記	16
⑫②	親長卿記	1
⑫③	慈性日記	1
⑫④	通兄公記	7
⑫⑤	妙法院日次記	17
⑫⑥	師郷記	6
⑫⑦	北野社家日記	7
⑫⑧	慈性日記	2
⑫⑨	妙法院日次記	18
⑬⓪	山科家礼記	6
⑬①	通兄公記	8
⑬②	親長卿記	2
⑬③	經覺私要鈔	6
⑬④	妙法院日次記	19
⑬⑤	長楽寺永禄日記	全
⑬⑥	通兄公記	9

史料纂集既刊書目一覧表

古記録編

配本回数	書名	巻数
①	山科家礼記	1
②	師守記	1
③	公衡公記	1
④	山科家礼記	2
⑤	師守記	2
⑥	隆光僧正日記	1
⑦	公衡公記	2
⑧	言国卿記	1
⑨	師守記	3
⑩	教言卿記	1
⑪	隆光僧正日記	2
⑫	舜旧記	1
⑬	隆光僧正日記	3
⑭	山科家礼記	3
⑮	師守記	4
⑯	葉黄記	1
⑰	経覚私要鈔	1
⑱	明月記	1
⑲	兼見卿記	1
⑳	教言卿記	2
㉑	師守記	5
㉒	山科家礼記	4
㉓	北野社家日記	1
㉔	北野社家日記	2
㉕	師守記	6
㉖	十輪院内府記	全
㉗	北野社家日記	3
㉘	経覚私要鈔	2
㉙	兼宣公記	1
㉚	元長卿記	全
㉛	北野社家日記	4
㉜	舜旧記	2
㉝	北野社家日記	5
㉞	園太暦	5
㉟	山科家礼記	5
㊱	北野社家日記	6
㊲	師守記	7
㊳	教言卿記	3
㊴	吏部王記	全
㊵	師守記	8
㊶	公衡公記	3
㊷	経覚私要鈔	3
㊸	言国卿記	2
㊹	師守記	9
㊺	三藐院記	全
㊻	言国卿記	3
㊼	兼見卿記	2
㊽	義演准后日記	1
㊾	師守記	10
㊿	本源自性院記	全
51	舜旧記	3
52	台記	1
53	言国卿記	4
54	経覚私要鈔	4
55	言国卿記	5
56	言国卿記	6
57	権記	1
58	公衡公記	4
59	舜旧記	4
60	慶長日件録	1
61	三箇院家抄	1
62	花園天皇宸記	1
63	師守記	11
64	舜旧記	5
65	義演准后日記	2
66	花園天皇宸記	2
67	三箇院家抄	2
68	妙法院日次記	1
69	言国卿記	7
70	師郷記	1
71	義演准后日記	3
72	経覚私要鈔	5
73	師郷記	2
74	妙法院日次記	2
75	園太暦	6
76	園太暦	7

史料纂集既刊書目一覧表

古文書編

配本回数	書名	巻数
①	熊野那智大社文書	1
②	言継卿記紙背文書	1
③	熊野那智大社文書	2
④	西福寺文書	全
⑤	熊野那智大社文書	3
⑥	青方文書	1
⑦	五条家文書	全
⑧	熊野那智大社文書	4
⑨	青方文書	2
⑩	熊野那智大社文書	5
⑪	気多神社文書	1
⑫	朽木文書	1
⑬	相馬文書	全
⑭	気多神社文書	2
⑮	朽木文書	2
⑯	大樹寺文書	全
⑰	飯野八幡宮文書	全
⑱	気多神社文書	3
⑲	光明寺文書	1
⑳	入江文書	全
㉑	光明寺文書	2
㉒	賀茂別雷神社文書	1
㉓	沢氏古文書	1
㉔	熊野那智大社文書索引	
㉕	歴代古案	1
㉖	歴代古案	2
㉗	長楽寺文書	全
㉘	北野神社文書	全
㉙	歴代古案	3
㉚	石清水八幡宮文書外	全
㉛	大仙院文書	全
㉜	近江大原観音寺文書	1
㉝	歴代古案	4
㉞	歴代古案	5
㉟	言継卿記紙背文書	2